新瞑想箱庭療法

「身体感覚」から考える新たな療法の可能性

Makoto Ohsumi
大住誠 著

誠信書房

写真でみる箱庭事例の経過

事例１

「なんでも園からの出発」

―精神病圏の成人女子への瞑想箱庭療法から外来森田療法へ

写真１―１（p.95）

写真１―２（p.96）

写真１―３（p.97）

写真1－4（p.99）

写真1－5（p.101）

写真1－6（p.101）

写真1－7（p.103）

事例 2

「自分を分析する癖に飽きました」

一統合失調症の成人女子への瞑想箱庭療法から外来森田療法へ

写真2－1（p.114）

写真2－2（p.115）

写真2－3（p.116）

写真2－4（p.118）

写真2－5（p.119）

写真2－6（p.120）

写真2－7（p.121）

写真2―8（p.122）

事例3

「もう一つの世界の発見」

―うつ病性障害の成人女子の回復過程

写真3―1（p.135）

写真3―2（p.137）

写真3—3（p.140）

写真3—4（p.143）

写真3—5（p.144）

事例 4

「山に登ろうとしている人を下から見ています」

―発達障害・二次的障害で「不安障害」「うつ病性障害」の成人男子への療法併用

写真4―1（p.153）

写真4―2（p.154）

写真4―3（p.155）

写真4—4（p.157）

写真4—5（p.158）

写真4—6（p.159）

写真4—7（p.161）

写真4—8（p.163）

写真4—9（p.164）

写真4—10（p.165）

事例5

「何も考えなくても大丈夫です」

一解離性障害青年期女子への瞑想箱庭療法

写真5―1（p.171）

写真5―2（p.172）

写真5―3（p.173）

写真5―4（p.174）

写真5―5（p.175）

写真5―6（p.176）

写真5—7（p.177）

写真5—8（p.178）

写真5—9（p.179）

瞑想と身体系個性化——序にかえて

大阪大学人間科学研究科
老松克博

著者の前著『現代箱庭療法』に序文を書かせていただいたご縁で、僭越ながら、再び私が拙い紹介役を承ることになった。前回は著者の師である故織田尚生教授との共著だったが、今回は単著。その原稿を見て、おおいに驚いた。故人が道半ばで遺した種が、著者独自の工夫により見事に開花しているではないか。しかも、若干の問題があると感じられていたところには大胆な改変が施されている。この技法はもはや著者のオリジナルである。しかし、同時に、師以上に師らしい技法になったとも言えるかもしれない。

師から継承したのは、クライエントの箱庭作成時に治療者が瞑想に入っていて、五感を開きながら内向しており、まったく作成の様子を見ないこと。師と異なるのは、箱庭作成後にユング派的な象徴解釈を行わず、それぞれの身体感覚などに注意を向けるだけにすること。つまり、自分と他者の関係性に踏み込むのではなく、自分と内なる自分の関係性に踏みとどまるのである。ここに一貫して見られるのは、治療者からの侵襲を極限まで低減し、箱庭療法の創始以来重視されてきた「自由で保護された空間」を真に現実のものとする、そのための徹底的な努力であると言ってよい。我執を去ることにそれは極まる。

著者の慧眼は、そのために身体を有効に使う点にある。意外に思われるかもしれないが、そもそも瞑想とは優れて身体的なものである。ちょっと実践してみるだけで、「今ここ」の身体がコンタクトを求めてきているることがわかるだろう。しかも、瞑想中の身体は、外に向かっては面接室の空間と融け合い、内に向かっては個人の深層に広がる存在の根っこを介して周囲の者と交感し合う。一方、瞑想をしていないクライエントの方も、箱庭を作成することでせっせと身体を使っているわけである。

個性化のプロセスには心系のそれと身体系のそれという二つのルートがある、と私は考えている。従来「心理療法」と呼ばれてきた技法の多くは、心系の個性化しか念頭に置いておらず、身体が絡んでくると「身体化」「行動化」「器質性」などとして逸脱扱いをしてきた。しかし、どのクライエントのなかにもこの二つのルートが併存していて、身体の運動や感覚を通してでなければ進まない個性化の位相というものがある。発達系と私が呼んでいる人にはそのような部分が多いし、人格系の人ならば比較的少ない。

身体系個性化は宗教性と不即不離の関係にある。身体がその人にとりわけ「今ここ」を集中的に生きさせ、時間や空間の無限の広がりを相対化させてしまうために、永遠と無辺が「今ここ」へと一気に流れ込んでくるようになるからである。いきおい、中心のイメージがしばしば出現するし、共時的な現象も多発しやすい。そこにおのずから成長や癒しがついてくる。このような生の様相は、東洋の、それもなかんずく仏教を基盤とする、忘れられかけた伝統のなかで大切にされてきた。著者の提唱する箱庭療法は、そうした古くて新しい生のあり方を現代に甦らせようとする試みでもある。

箱庭の作成も目にせず瞑想しているだけなのに、治療者である著者の胸中に去来する諸々の内的イメージや身体感覚は、クライエントの現状や思い、箱庭に表現されたものとしばしば一致する。そして、面接室に置いてあるものや窓の外の情景が、面接開始時とはどこか質が違って新鮮に感じられるようになる。すると、どうだろう。病んでいた者が癒される……。そんなことが本当にあるのか、と訝る向きもあるかもしれない。心配ご無用。心の最内奥の身体を経験してみればいい。「そんなこと」は、むろん、あるに決まっている。

はじめに

箱庭療法が故河合隼雄氏（一九二八～二〇〇七）によって我が国に紹介されて以来、五〇年あまりの年月が経過している。その間、箱庭療法は教育・医療・福祉・司法等で用いられてきたが、数名の臨床家を除いては、その療法を改良、発展させることは少なかった。

その理由の一つには、この技法がユングの弟子のドラ・カルフ女史（一九〇四～一九九〇）によって、ユング心理学の理論に基づいて発展をみたために、ユング心理学の理論とその心理療法の技法（特に箱庭に表現された「象徴」の意味を読み解くこと）を熟知していないと、治療者がそれを用いることができないという先入感が存在したように推測される。ユング心理学の理論と技法の重要性は、河合氏の箱庭に関する著作やその他の箱庭療法家の書かれた書籍の随所にうかがわれることである。また、筆者の経験を言うと、以前、故織田尚生氏（一九三九～二〇〇七）とともに、心理面接時において、治療者が瞑想を用いる箱庭療法の技法を創始した（『現代箱庭療法』誠信書房、二〇〇八）が、この方法もあくまでもユング心理学の象徴理論に基づくものであった。それ故に、その方法を実施できるようになるためには、ユング心理学の象徴理論を修得することが必須であった。

そうした中で、筆者自身の日頃の臨床体験を通して、簡便でかつ普遍性のある（独善的にならない）箱庭療法の方法とその訓練方法についての探求が課題になっていった。そうした過程ででき上がったものが本書である。

本書の特色は、織田氏とともに始めた瞑想を用いた箱庭療法にさらなる工夫を加えることで、ユング心理学の象徴理論に必ずしも治療者が拘泥しなくても、箱庭療法が可能なことを叙述した点にある。この療法では、箱庭療法実施時において、治療者が自らの身体感覚を解放することで、箱庭制作を行うクライエントの身体感覚も面接空間に解放され、クライエント自身の自己治癒力が賦活しやすくなる（これはカルフの言う「自由で保護された空間」の体験と重なる）とともに、治療者からの侵襲性を防ぎ、治療者自身もクライエントからの心理的影響をある程度緩和することが可能になる。さらには予後、クライエントがここでの箱庭療法と同様の構造を持つ他の療法に切り替える方法も述べ、その方法により治療の効果が期待できる点も盛り込んだ。また本書は、以上の新しい箱庭療法の内容説明とともに、その箱庭療法修得のための訓練の具体的な方法についても触れた。それは箱庭療法全般にも通用するものでもある。

なお、本書のキーワードは「瞑想」と、その際の「治療者・クライエントの身体感覚」であるが、ここでの「身体」については多少の説明を要する。たとえば先のユング心理学では「イメージ」を重要視するが、ユングの言うイメージとは視覚的体験として提示されたものだけではなく、治療者、クライエントが面接場面で体験する精神現象のすべてを意味している。当然、そこにはイメージの一つとして、治療者・クライエントの身体的体験も取り扱っている。そして身体的体験は、象徴理論よりも、人としての体験としてより具体的であると考えられる。

ところで、箱庭治療を促進させる背景はどこまでも、クライエントと治療者との治療関係にあることは言うまでもない。この治療関係の在り方で箱庭療法は展開していく。この視点は、箱庭療法に限定されたものではなく、すべての心理療法においてあてはまることであろう。

本書では、より良い治療関係を成立させるために、治療者はいかなる治療態度が重要であるか、さらには、治療者の態度にとって、いかなる身体的体験がクライエントの治療促進の背景になるのかを、治療者の瞑想とその際のイメージとしての身体的体験、治療者・クライエントが存在する「場」の体験を中心に述べた。そういう意味では、本書は心理療法の現場にすでに立たれている方だけでなく、これから箱庭療法を始めてみたい方にも是非お勧めしたいと思う。

大住　誠

目次

瞑想と身体系個性化——序にかえて　i

はじめに　iii

第1章　箱庭療法の源流とその課題　1

1　ドラ・カルフによる箱庭療法の発展　1
2　河合隼雄の新しい視点　10

第2章　箱庭療法の新たな展開——「瞑想箱庭療法」の理論と技法——　20

1　織田尚生による瞑想箱庭療法の理論　20
2　瞑想箱庭療法の治療機序　25
3　瞑想箱庭療法の訓練　30
4　瞑想箱庭療法の課題　35

第3章　「新瞑想箱庭療法」の理論と技法　38
1　河合隼雄の心理療法のモデルとしての「自然モデル」の検討　39
2　「自然」概念の検討と「他力モデル」　43
3　ユング心理学における「自然モデル」　45
4　新瞑想箱庭療法の実際　46
5　新瞑想箱庭療法の治療機序　56
6　瞑想箱庭療法と外来森田療法との併用　65
7　「他力モデル」における治療者とクライエントの「自覚」体験　71

第4章　「新瞑想箱庭療法」の訓練法　76
1　瞑想の訓練法　76
2　集団で行う瞑想箱庭療法の訓練法　81
3　二人で行う瞑想箱庭療法の訓練法　85

第5章 「新瞑想箱庭療法」事例紹介 90

1 瞑想箱庭療法から外来森田療法へと切り替え併用した事例 90

【事例1】「なんでも園からの出発」
　—精神病圏の成人女子への瞑想箱庭療法から外来森田療法へ 91

【事例2】「自分を分析する癖に飽きました」
　—統合失調症の成人女子への瞑想箱庭療法から外来森田療法へ 110

【事例3】「もう一つの世界の発見」
　—うつ病性障害の成人女子の回復過程 132

2 瞑想箱庭療法と外来森田療法との同時併用の事例 149

【事例4】「山に登ろうとしている人を下から見ています」
　—発達障害・二次的障害で「不安障害」「うつ病性障害」の成人男子への療法併用 150

3 治療者とクライエントとの言語的交流が希少だった事例 168

【事例5】「何も考えなくても大丈夫です」
　—解離性障害青年期女子への瞑想箱庭療法 169

第6章　「新瞑想箱庭療法」の可能性　182
1　実践者等の感想から　182
2　新瞑想箱庭療法の目指すもの　191
文　献　193
あとがき　197

第1章　箱庭療法の源流とその課題

本書では、新しい箱庭療法の提示をテーマとするが、その前にまず本章では、箱庭療法の源流にさかのぼり、これまでの箱庭療法の理論、技法、訓練等の内容とその課題について触れていきたいと思う。

1　ドラ・カルフによる箱庭療法の発展

〈1〉ドラ・カルフによる箱庭療法

箱庭療法とは、一メートル四方の砂箱とそこに入れられた砂で、人間、動物、樹木、空想上の動物、その他の景観を表す様々なアイテムを使って、クライエントが自身の内的世界（想像した世界）を砂遊びしながら自由に表現していく遊戯療法であり表現療法でもある。遊戯療法と言われることから、箱庭療法は一見乳幼児や児童のためのものと思われがちであるが、その対象年齢は三歳から七〇代にまで至る。また、対象となる病態も神経症圏から精神病圏、発達障害まで及ぶ。

箱庭療法はドラ・カルフ（一九〇四～一九九〇）によって発展をみた心理療法の技法であるが、その原形はカルフが学んだ、ローエンフェルトの「世界技法」にあると言われている。「世界技法」やローエンフェルトの心理学理論については多くの著書において紹介されているので、ここでは割愛する。

カルフの箱庭療法の特徴は、彼女が学んだ、治療者―クライエントの治療関係を重視した点とユングの象徴理論を箱庭表現の解釈に積極的に用いた点、そして箱庭表現を系列的に見る視点である。たとえば、カルフは治療者―クライエントの関係性については、クライエントと治療者との間の転移関係を重視するとともに、箱庭で表現されるクライエントの内的世界のイメージに深い意味を見いだし、そこに置かれるアイテム、箱庭の構成等に、クライエントの集合的無意識がどのように表現されているかに注目した。集合的無意識という概念はユングに始まり、後述するエーリッヒ・ノイマン（一九〇五～一九六〇）等により発達論的視点が加えられた。カルフは以上の学説に基づき、「母子一体性」「自由で保護された空間」等の概念を箱庭療法の理論に用いた。さらに、クライエントの置く箱庭を、一回ごとに完成されたものとして捉えるのではなく、継続する治療の流れの中で捉える視点を大切にした。

〈2〉「母子一体性」と「自由で保護された空間」

カルフはその著書「カルフ箱庭療法」において「箱庭療法において明らかとなるのは、人はその本質において〈遊ぶ人〉だということです」[1]と述べ、その遊びは「安全性」と「自由が保証されたとき」にのみ可能であり、そのような条件にある空間を「自由で保護された空間」と名付けている。そしてかかる「自由で保護された空間」は、治療者とクライエントとの転移関係としての「母子一体性」によって成立するとされる。

なお、「自由で保護された空間」についてカルフ自身は詳しく説明していないが、治療者とクライエントとの関係性においてだけで成立するものとは考えていなかったようである。「実際の遊戯は環境や雰囲気

――実際にはそれらの中で遊戯は行なわれる――と無関係に行なえないということがとりわけ重要なことだと思っている」[2]として、カルフ邸の豊かな自然環境（深い森と伝統的な建物にある面接室）を叙情豊かに説明している。カルフは「自由で保護された空間」成立の前提としての「場」を何よりも重視しているとともに、治療者もクライエントもそうした「場」に心身ともに馴染んでいることの重要性を考えていたものと推測できる（なお、筆者は、こうした「場」は、治療者――クライエント間の身体的体験と密接に関係していることと考える。また、転移関係も治療者とクライエントとの人格的関係性――筆者はそれを織田にならい「対他的関係性」と呼んでいる――のみに限定されるものではないことも後述する）。

そのような「場」において、初めて下記のような転移関係が成立する。

「子どもの治療を行なう場合には、自由であると同時に保護された一つのある空間を、われわれの関係のなかに作り出すということを自分の任務としてきたのである。治療状況におけるこのような自由な空間は、治療者がその子どもを充分に受容できたときにはじめて生ずるのであり、それゆえ治療者は自分の目の前に起こってくるあらゆる出来事に、その子ども自身のように誠実に、積極的に関与するのである。この子どもがあらゆる悩みのなかにあるときにも、また幸福のなかにあるときにも、決して孤独ではないということを感じるとき、本人は自分を表現するのに自由さを感じ、しかも保護されていることを感ずるのである。こうした信頼関係は、事情によっては〈母子一体性〉の段階である第一期の状況を再現することを可能にするので、非常に重要なのである」[3]

そして、箱庭表現において、中心化とともに、「自己」の象徴としての曼荼羅が表現されるとしている。

カルフの言う「母子一体」の理論は、同じくユング派の分析家エーリッヒ・ノイマンの発達論に依拠している。ノイマンの発達理論は、「段階発達とそれに関連した象徴性を見通し、さまざまな段階の象徴性を区別してはじめて、われわれは子供と大人の正常な心のあらわれと異常な心のあらわれとをきちんと解釈することができるようになる」としている。(4) その象徴的な表現として、被保護的存在である乳幼児に自我の萌芽が見られない、母親の「自己」と一つであるウロボロスの段階。そして同じく受動的である、動物的・植物的段階。やがて、乳幼児の心理・生理的発達に伴い自我が芽生え、ウロボロスと対決的になる闘争の段階。そして、子どもの自己が母親の自己から分離する自己の段階へと進むとされる。

カルフは、以上の段階は、クライエントの表現する箱庭作品にも、ある程度系列的に見られるものとしている。

以上から、カルフによる「箱庭療法の治療機序」には、「自由で保護された空間」と治療者―クライエント間の「母子一体性」で表現される転移関係、箱庭における中心化としての「自己」の表現等をうかがうことができる。

〈3〉カルフ箱庭療法の課題と可能性

いかなる心理療法の理論や技法においても、創始者段階で、すべてが完全無欠に完成することは少ない。その基本理念は尊重されながらも、様々な臨床の実践の場面に応じて改良が加えられていくことが自然である。さらには、創始者さえ充分に気づかなかった自らの理論に含まれている新しい可能性等も発見されていく（一つの例としてＪ・ラカンのフロイト文献の読み直し等）ことすらまれではない。そこで、ここでは完成形として我が国に受け入れられたカルフの理論・技法において，充分に言及されなかったが，カルフ本人が気づかずともすでにその理論に含まれていた課題と新しい可能性について述べてみる。

まず，課題の一つとして，クライエントへの過剰な共感に伴う侵襲性への危惧がある。

カルフは前述したノイマンの説とユングの象徴理論に基づいて，箱庭の作品を分析解釈した。それは，「カルフ箱庭療法」における事例のすべてに読み取れるが，たとえば「不安神経症」の九歳の少年クリストフの事例について。この事例でクライエントは，初期の箱庭で少年，家，大木，そして周囲に戦車，兵士を置き，山を作って「戦争が始まった」と説明する。カルフはその作品においては次のような解釈を加えた[5]。

「〔前略〕一件の家，小さな庭，ブランコに乗っている一人の男の子などである。ここは少年にとって快いように思われた。同じくそのとき山の上の一本の丈の高い木の下にはもう一人の少年が座っていて，クリストフはおそらくまたこの少年とも，同一化していたのである」

「天に向かって成長し，樹冠となって大きく拡がる肥沃な土地に深く根ざした木は，春には花を開き，秋には果実を実らせるのであり，それは昔から人の心をひきつけてきた。その成長は，人間の生命と対比され，またあまたの文化においては生命の樹として表わされている。その木陰に人は保護を求めるのであり，またその果実は，飢えと渇きとを癒やすのである。そのように，木は，保護し，養うという要素を具現化したものといえる」

「私は，少年のつくった山を見ていて，妊婦のお腹の丸みをふと思い浮かべた。そこで私は，なぜこの山があのような攻撃の的になっているのかを自問してみた。母親の妊娠が，不幸な経過をたどったのではないだろうかと。この少年は、母親とは違う女性の保護――すなわち、少年が山の上の木の下に座っていた――を求めているのだろうか」

ここでの解釈はユングの象徴理論やノイマンにならって、たとえば、大木や山を母なるウロボロスの象徴として、それに対して攻撃する少年の心理は、闘争段階を表現していると考えられる。カルフの行う分析、解釈は、決して型にはまったものではなく、たとえば樹木に対する象徴解釈も、そのイメージを拡大して、これまで世界中の人々が樹木に対してどういうイメージを持ってきたかを拡充している（ユングはこれを拡充法と名付けている）。また、山というイメージから妊婦の腹部、そして少年の母への思いへと連想を広げる。

しかし、このような拡充法からの連想においても、クライエントの少年に対する強い共感（逆転移）が垣間見られるところが印象的である。筆者は、以上に見られる治療者の強い共感が「母子一体」という心理学用語で表現されるカルフ自身の共感体験のように感じられてしまう。そこにはカルフの情感の豊かさとともに、場合によっては情緒の過剰さも指摘されよう。また、後述するが、織田が述べるように、クライエントへの侵襲性（クライエントの内面を治療者が無意識的に支配してしまうこと等）の危険も存在していると言える。そのことで、クライエントの治療者への依存性も引き出さないだろうか。

次の課題として、明確でない治療構造が挙げられるであろう。

カルフの箱庭療法においては、クライエントとの間に明確な治療構造の設定はなく、クライエントはカルフ宅に箱庭遊びに来るというイニシエーションとしての意味合いが強かったように思われる。それ故に、学習障害児キムの症例に見られるような、クライエントが空気銃を持って瓶を撃ちまくるような、一見「行動化」とも受け取れる危険な遊戯も許されてしまったのであろう。もちろんそこには、カルフのクライエントに対する絶大な信頼性が存在していたことは確実であるが、この信頼性に裏付けられたが故、クライエントの治療者への依存性も強化される場合があることを忘れてはならないであろう。

最後に、治療者の内的体験に関する課題が考えられる。

カルフの箱庭療法では、治療者・クライエントの面接場面における治療者の内的体験に関しては、ほとんど扱われていない。ここでの内的体験とは、治療者に自然発生的に想起されるイメージ体験としての身体的体験等を意味する。たとえば、先のクリストフの事例において、クライエントの箱庭に中心化が表現された時にも次のように述べている[(6)]。

「クリストフがいうように、中央には見物にきている人びとみんなを喜ばせるために、音楽を奏でている一人の楽士がいた。それゆえにわれわれの作品においては明らかに、中心への集中化が問題なのであった。〔中略〕われわれは今や、人間における一つの中心化の現象は、ヌミノース体験、すなわち人間に内在している宗教的な力との触れ合いというものだということを知っているので、その円運動を供物を捧げようとして香炉を手に持った司祭の三重の円運動に比較することも、おそらくそんなにこじつけではないように思える」

「自己を分裂から守るために、〈母子一体性〉を生み出した転移状況のなかで、その少年は、その心のなかに一つの神苑を造り出すことに成功したのだった。少年はこの保護された空間から出て、今や外界と対決することが可能になったにちがいない。〔中略〕象徴的には、クリストフは今や中心化を表現しているのであり、また子どもの場合にはそれは、通常二、三歳に現れてくるものなのである。その後、ここから健全なしかも強固な自我が成長していくのであろう」

前述の内容からも理解できるように、箱庭表現の象徴解釈のみが行われ、箱庭に中心化が表現される時に体験される治療者の身体的体験に関しては、何も述べられていない。

それでは、一方でカルフ箱庭療法の新しい可能性は、その理論・方法及び生前のカルフのどのような言動のどのような部分に存在するであろうか。筆者はカルフの東洋思想（特に仏教思想や道教）との接点を取り上げたい。

カルフは、東洋思想にも深い造詣を持っていた。実際にエラノス会議において仏教学者の鈴木大拙を知り、その後、大拙のもとを訪問している。

カルフは仏教について、中国の禅僧廓庵禅師の言葉を引用して、以下のように述べている。(7)

「私たちの普通の日常生活こそが、生きる真の人生なのだ、ということです。このことは、真の自己との合一のうちに生きられる、この世の生活そのものなのです」

「主客は一つであり、しかも、それは世界のなかに実現された統一なのでもあります」

「『真の禅人生はこの現世の今ここにおいて現在を生きることだ』と言います。禅師はまた、『悟りのあとも、すべては以前と全く同じだけれども、ただ、悟りによって、はじめて意味が賦与されるのだ』とも言われるのです」

ここでの「真の自己との合一」「悟り」「主客は一つ」等の表現は、治療者・クライエントが箱庭療法で身体的に体験する事実である。特に「自己」は箱庭に生きた象徴として表現され、クライエントに「意味」を賦与すると言われている。この場合の「意味」とは、神経症状態にあるクライエントの本能と理性との分裂・葛藤状態を統合して「生きようとする意思・意欲」への目覚めないしは「自覚的な働き」を意味するものとも受け取れる（第3章で後述する）。カルフ自身の治療者体験では充分に意識化できなかったが、治療者・クライエントの身体的体験に注意・関心を向ける可能性はすでにカルフ自身が持っていたと言えよう。

一方でカルフは、禅と箱庭療法の違いについて次のように言及している。

「療法においては患者の自己回復の力を呼び覚まし、援助していく空間を創り出すものなのです。これは、禅でも大きな役割を果たしていますが、本人が自分自身のなかへ『投げ返すこと』を内容としています。禅では、教師や著作のような外的な力による最新の認識よりも、自分で経験したことから自分自身で見つけ出すことができることこそが強調されるのです(8)」

文中の「外的な力」という表現から、筆者は箱庭療法（心理療法全般も含め）では治療者からの援助の重要性を推測するが、ここが強調されると、先に述べた、転移による依存関係、治療者のクライエントに対する無意識的な支配等が問題になるであろう。

カルフの願いには「西洋思想と東洋思想」の統合されたものとしての箱庭療法への期待があったのであろうが、当然、本人自身の欧米人としての自覚のもとに箱庭療法は発展させられたものである。その他にカルフは、東洋思想からの影響として道教を取り上げている。ノイマンの自我の発達を、無から始める老子の世界観に重ねているが、詳細は省略する。ともあれ、西欧思想を土台とする従来の箱庭療法のみではなく、逆に東洋思想に重点を置く箱庭療法の方法論（理論・技法）が開かれる糸口をカルフの箱庭療法が持っていることが新しい展望を開くことにもつながっていく（筆者の新瞑想箱庭療法も、その企ての一つである）。

〈4〉カルフと箱庭療法家になるための訓練

カルフは、自ら発展させたにもかかわらず、箱庭療法家になるための特別な訓練についての言及はほとんどしていない。訓練法と呼ばれるような形式的なものではなく、カルフ自身から箱庭療法を学ぶ初心者が手ほどきを受けることが通例になっていたようである。箱庭療法を日本に紹介した河合隼雄も秋山さと子も織田尚生も、カルフの指導のもとに自らが箱庭を置き、ユングの象徴理論とともに、箱庭療法を体得したと言われるが、その内実はいまひとつ伝わりにくい。理由は先にも述べたように、箱庭療法がカルフの段階では、心理療法としてまだ充分に構造化されていなかったためであろう。構造化された心理療法としての箱庭療法の成立は我が国の河合隼雄をもって始まる。

2　河合隼雄の新しい視点

河合隼雄（一九二八〜二〇〇七）は周知の通り、カルフによって発展をみた箱庭療法を日本に紹介し、それをさらに日本人にも理解しやすくアカデミズムの場において普及した第一人者である。また、カルフにおいて充分ではなかった箱庭を理解する視点等に関しても、新しい見解を発表した。

最初に河合がカルフから直接に学んだことは、以下の内容である。(9)

カルフの理論においての特徴は、ユングの教えを受けて治療者とクライエントの関係性を重視したこと、クライエントの持つ自己治癒力を最大限に利用しようとしたこと、そしてユングの研究した象徴や心像（視覚的イメージ）を箱庭の表現に適用したことであろう。これらは「母と子の一体性」であり、そこから「全体性の象徴」「中心化」「自己」「曼荼羅」等の名称の象徴として現れ、自己治癒力が賦活化することを意味する。その際重要なことは「自由で保護された空間」が治療空間として成立することであるが、これも「母子一体性」の治療者—クライエントの転移関係の成立と同時である。

次に、象徴表現ないしは心像の表現を系列的に一つの流れの中で見ていく視点がある。流れの中で見ていくことは、カルフの依るノイマンの発達理論である動物的・植物的段階から社会に適応するまでの自我の成長を箱庭のプロセスを通して、あくまでも、仮説として見ていく姿勢である。

最後は、箱庭表現の解釈をクライエントに直接的に伝えるということを戒めることである（カルフの事例ではクライエントのほとんどが子どもであり、言語的な説明等は不要であったように思われる）。

河合は以上に依りつつも、箱庭療法における新しい見解を公にした。

〈1〉箱庭療法の構造化

たとえば、カルフの段階では充分に確立したとは言えない治療構造を明確化した。

著書『箱庭療法入門』において、河合は箱庭療法の具体的方法を次のように説明する。(10)

まず、クライエントに対する教示においては「この砂と玩具を使って、何でもいいから、作ってみて下さい」と伝える。ここでは強制はあってはならない。次に〝記録と質問〟として「箱庭を作りながら話をしたり説明したりする人があるので、これはすべて記録しておく。玩具を置いてゆく順序も記録しておくとよい」としている。そしてでき上がった作品については「これはどんなのですか。ちょっと説明して下さい」と尋ねるとしている。箱庭療法実施中の治療者の態度に関しては、作品が作られる（箱庭表現がなされる）間中、治療者はその傍にいることが大切としている。傍にいるということはクライエントに関心を向け続けることでもある。

また、箱庭を作る時間については制限していないが、あくまでも治療時間は存在している。

〈2〉治療者―クライエント関係に対する新しい視点 ――「強い転移」と「深い転移」――

河合は、箱庭療法場面おける治療者―クライエントの転移関係の在り方を問題にした。その際に、クライエントの箱庭表現に対する治療者の「受容」と「解釈」との関係から言及している。

「単純に考えると、『受容する』ことと『解釈する』ことは相反するものと思われるが、実はこれは相補的な働きをなしている。つまり受容を深めるためには解釈が必要となり、意味ある解釈をするためには受容的態度が必要だといえるのである。〔中略〕クライエントが治療者のある程度の受容性に支えられて表現を行ない、その表現によって治療者は（解釈を通じて）、クライエントの内面に触れ、より受容的になっていく。一方、クライエントは自分の表現したものの意味を把握しつつ、それを土台として、そのときに感じた治療者の態度に支えられて、より深い部分へと探求の手を伸ばしていく。このような相互作用によって治療が展開されるのである。

このように箱庭という一つの媒体を通じて、その表現の中に治療者もクライエントもともに何かを感じ、何かを読みとり、それによって相互関係が深まっていくのであるが、〔中略〕何ら絶対的、確定的なことではなく、『このような見方がある』ことを示しているのであり、〔中略〕ユングやカルフの理論を参考にしているが、それには捉われない態度で個々の作品に対して来たつもりである[11]」

以上から、河合が箱庭表現の「受容」と「解釈」において重視したことは、どこまでも治療者―クライエントの直接的な生きた体験世界であり、まず「ユングの象徴理論」があって、箱庭表現が解釈されるというものではないことが理解される。それはまた、治療者―クライエント間の、母子関係にも喩えられる深い共感のみで成立するものでもない。双方のその時限りの生きた関係性の中で、作品の解釈も展開するというものであったことが推測される（そこでは解釈という理性的次元よりも「驚き」であり強い「印象」に近いものを筆者は感じる。それは第3章で説明する「自覚」という概念に近いものである）。

それでは、生きたその場限りの深い治療者―クライエント関係はどのようにして成立するのか。河合はそれに対して、転移・逆転移の強さと深さという論理で説明している。すなわち「強い転移」とは「クライエントの自我」に向かって横に開かれているものであり、意識のレベルにおいても、強い情緒的な関係性が成立するものである。対する「深い転移」とは「治療者が直接にクライエントに向かうのではなく、言うならば、自らの無意識へと深く沈んでゆく。そこにおいてこそ、クライエントの無意識と出合うところがある」と述べている[12]。

以上の河合の説は、ユングの「布置」の考え方に極めて近いものと思われる。布置とはコンステレーションのことであり、本来は星座を意味する。我々が星座を目にする時に、たとえばオリオン座ならば星がそのように並んでいるように見えるが、実際には、それぞれの星は、何十万光年と離れていて互いに関係はない。しかし、星座を見る我々には、あたかも星がそのような形態をなしているごとく見えるのである。このように、全く関係のない事象が、ある関係性の事象において突然意味を持つことをコンステレーションという。ここでの例であると、治療者とクライエントはそれぞれ独立した個体であるにもかかわらず、同時に心理的に通底し合うという体験を持つことである。なお、布置には身体的な体験が含まれる場合もある。

〈3〉河合の説の課題

ただし筆者からの問いとして、何故に河合においても、その「深い転移」における内的体験が充分に述べられていないのかということがある。たとえば、河合は「二律背反性」という概念を『箱庭療法入門』以外の著書（たとえば『カウンセリングの実際問題』誠信書房 等）でよく用いるが、こうした概念も、一般の読者には、それが「深い転移」によって、治療者の無意識下において二律背反を超えられた次元（河合はその次元を、他の書では心理療法の自然モデルにおける治療者の「道」の状態と名付けている[13]）から発される形式論理とは異なる言語ではなく、表層的な自我の葛藤状態として誤解される面もありえる（この問題に関しては、第3章で解説する）。また、治療者がクライエントの箱庭表現を観察し記録するという方法等も「深い転移」が成立していないと操作的になり、充分侵襲的である。

一方で、「深い転移が成立している場合、果たしてこうした行為が必要であるかどうか」という疑問点が筆者にはぬぐいきれない。この問題は、河合の問題というよりも心理療法全般が依拠している治療上の治療者—クライエントの関係性の問題（筆者はそれを「対他的関係性」を中心に心理療法を行う方法にあると考える。「対他的関係性」とは、治療場面における治療者とクライエントとの人間関係を主に重視することである）にも原因があると推測する（第3章で説明）。

これまで述べた事柄からも、箱庭療法の訓練においては、「深い転移」を成立させるような治療者の身体的な訓練（イメージの訓練）は必須である。

なお、河合は心像を「具象性」「直接性」「集約性」という側面から見る見方も提示しているが、こうした生きた（治療者がその場で直接的に体験する）「心像理解」も、先述した「深い転移関係」が成立するような治療態度を育成しないと無理な行為に思われる。

〈４〉箱庭表現の諸相

河合は「箱庭表現」には諸相があるという臨床体験に基づいた説を唱えている[14]。それは「箱庭表現の統合性」「空間配置」「主題」等を通して説明される。ただし、筆者が強調したいことは、以上の諸相を基準にしてクライエントの箱庭表現を解釈するということではなく、箱庭表現にはそのような諸相があるという事実を知るということである。

①統合性

河合は、統合性とは単なる印象ではなく「分離、粗雑、貧困、機械的、固定的な要素」が少ない表現と言えるし、それもバリエーションに富むものであるので、治療者の感受性が求められると述べている。また、箱庭作品に接する時に、まずその作品の統合性に着目する必要性を取り上げている。

②空間配置

河合は、空間配置について、筆跡学の伝統をひく「空間象徴理論」を部分採用する。空間象徴理論とは、左側と右側を無意識と意識・内界と外界、上部と下部を精神と肉体・未来と過去・父と母などに対応させる考え方で、現在でも人物画やバウムテスト等に使われている。河合は、箱庭療法で（自らの体験から）この中で左右についての考え方を主に採用している。そして、乗り物、動物、人物、川などの動きがすべて一定方向に向いている時、左側を向いている時には心的エネルギーの退行、右側を向いている時には進行を表すと言う。さらに、「分割や閉鎖された領域」の表現がどのように変化するかについて注目する必要性を述べている。たとえば、箱庭表現の過程で、閉鎖された領域が開かれ、閉鎖された空間に閉じ込められていたアイテムが解放されたり、その逆になったりすることでクライエントの心理状況（内的世界）の変化を読み取ろうとするのである。

③主題

河合は、箱庭表現を流れに沿って系列的に観察していくと必ず、何らかの主題が見いだされるという。たとえば、これまでの自我が行き詰まり不適応に陥ったが、それが打開されてくると、古い自我が死に、新しい自我が誕生する「死と再生」のテーマが読み取れるなどである。ただし、これは解釈的なものではなく、治療者―クライエントの関係の中で治療者があくまでも印象として直観的に知る事実にすぎないと思われる。大切な点は、そうした事実を直観できる身体的体験を身につけることである。

〈5〉 箱庭療法の訓練法とその課題

以上述べてきたように、河合の箱庭療法は、ドラ・カルフの方法を具体的に構造化し、さらに箱庭表現の見方にまで細かく言及し、それを誰もが実施できるように具体化した。この事実は箱庭療法の歴史を大きく発展させるものとなったと考えられる。これは、箱庭療法の訓練を実際的にどう行うかの実践へと導くものであった。

たとえば河合は、カルフ同様に、まず、訓練者は自ら箱庭を表現し（箱庭を置くという）、箱庭療法を体験する必要性を述べるとともに、スーパービジョンの必要性も強調する。ここでのスーパービジョンとは、箱庭の訓練を受ける者が、クライエントとなり、スーパーバイザーとの間の転移関係の深まりを通して「箱庭表現」が変化していくことを体験するというものである。

筆者自身も以前、河合の弟子Ａ先生から、数十時間にわたってこうした訓練を受けた体験を持っている。筆者はその時、まだ三〇代初期で両親との葛藤問題が整理できなかった（現在の筆者は、そうした問題を整理すること自体を病理と考えているが）。師のＡ先生はそのことについて、箱庭で表現される象徴に念入りの解釈を施し説明された。その際、先生が厳しいまなざしで緻密に筆者の箱庭表現の記録を取られていたことが印象的であった。そして、こちらが少しでもリラックスすると「しっかりやっていただかないとスーパーバイザーをお断りします」と厳しく叱責された。象徴解釈では「あなたはまだお母さんとの問題に向き合い方が足りない」「ここでの大蛇のアイテムに恐怖している少年があなたです」などと断定的に解釈された。こうした解釈に対して、異議申し立てができるような面接の構造でも関係性でもなかったことが心残りである。ただし、箱庭療法とは関係なく、ユング心理学における象徴とはどういうものかについての知的な学びと教育者の立場から、当時の未熟な筆者への教育的な援助をしていただいたことは事実であり感謝している。

以上のように、スーパーバイザーへの「強い転移」は引き起こせても、「深い転移」を成立させることができるかどうかは、指導者の臨床能力や臨床体験でかなりの差が出てくることは否めないであろう。また、スーパーバイザーとスーパーバイジーとの関係性において「対他的関係性」に重点が置かれると、どうしてもバイジーはバイザーの目の前で箱庭に集中できないばかりか、バイザーの心理的な支配下に入ってしまうであろう。
なお、大学院等で行う訓練法においては、次のような方法がよく用いられる。まず、グループの中で箱庭を置く学生を決め、学生が箱庭を置いている間、周囲はそれを静かに観察している。そして終了すると、まず制作者の箱庭表現に対して周囲のメンバーがそれぞれ感想を語る。感想を語る時には、「箱庭表現」からイメージできる自分自身のイメージ（過去の体験）等について語る時もあるが、大半は空間象徴理論かユング心理学の象徴理論を通して述べられることが多い。また、先の河合の箱庭表現に関する論を参考に、作品の印象が述べられる場合もある。このような訓練方法は、民間の箱庭療法セミナー等においても実施されている。そして最後に、箱庭制作者の、箱庭制作中に想起されたイメージが語られ、その後、周囲からの感想について「自分がこれまで気がつかなかった意外なご指摘を大切にして、今後自分の課題としていきたいと思います」といった制作者の言葉で閉じられることが多い。

一つの例として、筆者が体験した心理職を対象とするセミナーでの一場面を紹介する。参加者は一〇名、順次、箱庭を置くことになった。最初に置いた人の作品（箱庭表現）では、柵に囲まれた家と庭、柵の外には道路と森、森には虎や蛇などが置かれた。

制作者は「何となくこんなものができました」と言った。この表現に対して、周囲の参加者が順次印象や感想を述べ始めた。参加者の一人は「ひとつ質問してよいですか？」と制作者に次のように問うた。「あなたはこの箱庭のどこにいますか？」。この問いに対して、制作者は「私は家の中にいます」と答えた。すると質問者は「私の感想ですが、おそらく、外界があなたにとってはかなり恐怖の対象なのでしょう。そこで常に家に隠れるような心の防衛をして他者に関わっているという印象を受けました。家の周囲の柵もそのことを表していると思います」と言った。次の観察者は「左側に作られた森とそこにいる虎はこの方の激しい怒り、攻撃性を表しているのかもしれません。おそらくご自身は気づかれていないでしょう」などの感想を語った。また、ある若い参加者は「思春期の私がイメージされました。私も外の世界は驚異でした。この方のお気持ちが分かります」とも語った。

以上のようにして次々に参加者が自分の思いを述べることは、場合によっては制作者にとって内面に踏み込まれたという気持ちを持たざるをえないのではないだろうか。最後に制作者は「私はおそらく、家の周辺に森を置いたのは、今の生活がとても人工的な環境であるからだと思います。森の虎は危険なものではなく、私が好きな動物です。蛇も自然そのものという生々しい生命を表すものです。それでも、皆様のご感想有り難うございます。私の日頃気づかないところを指摘していただきました」と述べた。スーパーバイザーが「このように、自分で気づかない内面を参加者に言っていただくことで気づきが深まることが箱庭の訓練です。それから、私の印象では、こういう訓練を重ねることで、家の周囲の柵が開かれ、◯◯さんも外に出られるようになるでしょう」と意味深長に整理されたことが印象に残った。

以上のような侵襲的な訓練法にどれだけ意義があるのか私の疑問は大きく、ここで制作者が、自身の内面を外界から支配管理された（操作された）という印象は、A先生の時と同様、筆者にはぬぐえないものとして残る。

そこで次の第2章では、ここで述べた問題に対処すべき登場した新しい箱庭療法についてと、その訓練方法について述べる。ただし、いかなる心理療法においても、その方法理論・効果は二律背反的であるということを前提にして臨床実践した方法である。

第2章

箱庭療法の新たな展開
――「瞑想箱庭療法」の理論と技法――

これまで述べた箱庭療法の源流では、治療者のクライエントに対する侵襲性の課題と箱庭療法時における治療者自身の態度や体験について充分に言及されてきたとは言いがたい。このような課題に対して問題にした治療者が織田尚生（一九三九～二〇〇七）である。

1 織田尚生による瞑想箱庭療法の理論

織田・大住は『現代箱庭療法』[1]において、心理力動的オリエンテーションにおける新しい箱庭療法の理論と技法を展開した。この書は理論における部分を織田が、その理論に則った方法、事例を大住が執筆した。ここでは『現代箱庭療法』を通して織田の論に検討を加える。

織田の箱庭療法も、ユング心理学を理論的背景にしたカルフの理論に則したものである。織田はカルフの箱庭療法について次のように述べている。

「本書で語ろうとしている現代箱庭療法は、ドラ・カルフの箱庭療法にその基礎を置いているため、ここでドラ・カルフの、人間理解について検討しておこう。〔中略〕その世界観にはユング派の人間理解の仮説が息づいている[2]」

さらに、その仮説として下記のように述べている。

「人間のこころが、内部に対極的なものを含む、全体的な存在であるという発想は、カール・ユングの考え方であると同時に、彼自身の妻やエンマ・ユングから学んだ人間観でもあった。人のこころは意識と無意識からなり、自我と自己（セルフ）によって構成されている。自我は意識の中心であり、セルフはこころ全体でもあり、その中心をも表わす。人のこころが全体的な存在であるということは、箱庭表現ではしばしば経験的に、マンダラ（曼荼羅）によって象徴的に表現される[3]」

織田はカルフと同様に、こころの対極性を含んだ「こころの全体性」という人間観を尊重して、その箱庭表現としての曼荼羅（中心化）を重視する。

〈1〉治療者の内的体験と瞑想

それでは織田の新しい視点は何か。

最初の視点は、カルフの理論を採用しつつも、そこに潜在的に含まれている否定面（クライエントに与える否定的影響）について考察し、それを克服するために新しい技法を探求した点である。

次に、これまでカルフが充分に言及せず、おそらく河合があえて言及しなかっただろうと思われる治療者の内的体験について初めて言及したことである。治療者の内的体験を扱うことは、必然的にクライエントの内的体験も取り扱われなければならい。このような相互の内的体験とは転移・逆転移関係に他ならず、河合の言う「深い転移」の具体的内容は織田によって初めて言及されたことになる。

そして、そのような関係を成立させる技法が、治療者が「瞑想」を行う箱庭療法である。

〈2〉箱庭療法が持つ侵襲性の検討

まず、織田は箱庭そのものの持つ侵襲性を以下のように取り上げる。

「『箱』という空間的な制限は保護の機能だけでなく、クライエントにそのこころの世界を無理に開かせ、強制的に表現させるという意味合いも含んでいる。だからこそわたしたちは、箱庭療法の持っている侵害的な影響について絶えずこころに留めておかなければならない[4]」

加えて「面接の枠組みを守ることは、箱庭療法の必須の前提なのである。〔中略〕治療者はクライエントのこころを侵害しないように絶えず自分を振り返る必要がある[5]」と、カルフの箱庭療法の構造の曖昧性を指摘する。

また「母子一体性」についても以下のように述べている。

「カルフが子どもたちのこころを理解することのできる豊かな感性を備えた一人の母親であったからこそ、箱庭療法における転移・逆転移関係に対して母子一体性という言葉を、肯定的な意味で用いることができたのだろう。カルフにとって、箱庭療法的な関係性は基本的に肯定的で愛情を伴うものだった。しかし、転移も逆転移も本来肯定的な情緒だけではなく、否定的で破壊的なこころの動きも含まれているはずである[6]」

そして破壊的なものも含まれた転移・逆転移は「転移が生じたからその結果として逆転移が生じる」という因果関係ではなく、「両者の情緒の動きは同時的なものである」と言う。さらに「箱庭治療者とクライエントとのあいだの肯定的な情緒や関係性ばかりでなく、否定的なものもこころの治療を促進する」と述べる。それ故に治療者・クライエントに同時に布置したイメージの両義性に関して注意する必要性を強調する。

何よりも大切なことは、治療者は「クライエントから影響を受けすぎてはいけないし、影響を与えすぎてもいけない。心理的な距離が遠すぎては治療に向けた動きは何も起こらない。しかしそうかといって、近すぎて融合的になってしまっては、治療者とクライエントが相互に相手のこころを自分の世界に巻き込んでしまう。この場合にも治療の力動は生じない[7]」としている。そして織田は何よりも重要なこととして、治療者とクライエントに適切な心理的距離が形成されることで「布置」が成立するとした。

〈3〉治療者の内的体験と瞑想箱庭療法

これまで述べてきたような治療者の内的体験はクライエントにも必要とされるが、それでは内的体験の具体的内容とはどのようなものであろうか。織田はそのことに言及する際に、ユングの錬金術の研究をよりどころにする。

「箱庭療法における想像力について検討しようとするとき、錬金術はその源泉となる。〔中略〕想像力を用いて自身のこころに向き合うとき、その行為を瞑想と呼ぶ。またそのとき湧いているイメージの内容を想像という(8)」

錬金術とは西欧中世から近代において発達して卑金属から貴金属を作り出す秘術とされているが、ユングの研究によると、そこで実際に行われたことは、錬金術師と女性の弟子が瞑想を行いながら錬金術の作業を実施し、双方が化学反応の行われる容器の中の物質を観察することで、そこに様々なイメージを投影し、錬金術師と弟子が心理的な変容（個性化）を体験する儀式であったという。織田は錬金術における錬金術師や弟子の自身のこころに向き合う作業とそこで自然に発生するイメージの内容を彼等の想像活動と考え、ユングに依拠して前者を「瞑想」、後者を「想像」とした。ここでの想像活動が心理療法の場面においては、治療者の内的体験に他ならない。

それでは、錬金術を箱庭に応用したという瞑想箱庭療法は、実際にはどのように行われたのか。織田は次のように述べている。

「わたしはクライエントが箱庭で自分のこころの世界を表現しているとき、肘掛け椅子に腰をかけて、身体的にもリラックスし、クライエントが制作中の作品を直接観察することなく、自らのこころが開かれるように努める。わたしのこころには、自然発生的にわたし自身のイメージが浮かび上がってくる。わたしは箱庭に自分の世界を表現しつつあるクライエントから離れて座っており、そこからは作りつつある作品は、意図して見ようとしない限り、直接見ることはできない。そのときわたしは、現実的には箱庭は制作していないが、瞑想のなかで箱庭を置いていることもあり、また箱庭以外のイメージが思い浮かんでいることも多い(9)」

そして、織田は想像活動の内容を正確に記載し、クライエントの箱庭表現等との対応関係についても検討し、治療者とクライエントとの間における転移・逆転移関係も追求した。

それ故に、織田の言う瞑想は下記に述べられたように、治療者の意識的、自我の能動的な働きかけを重要視したものであった。[10]

「瞑想は自然発生的なこころの動き、つまりこころの思いにゆだねられるべきものであるが、同時に、わたしたちが浮かびあがってくる思いを捉えようとしなければならない」

「箱庭療法における治療者は、このようにして抱えられ、捉えられた自身の思いと、クライエントによって箱庭で表現される、あるいは語られる、思いとの対応関係を検討しなければならない」

なお第3章で後述するが、ここには、織田の瞑想箱庭療法の問題点も含まれる。

ともあれ前述したように、想像活動において大切な治療者の態度は、クライエントの箱庭制作を直接的に観察しないことである。この方法は、治療者がクライエントのこころに侵襲しないということにも通じる。なお、筆者は織田の方法をさらに徹底させ、自身が行う際は、箱庭を制作するクライエントから離れ、後ろ向きで瞑想している。

2　瞑想箱庭療法の治療機序

次に、織田の瞑想箱庭療法の治療機序について検討してみよう。

〈1〉治療者とクライエントとの間の心理的距離

織田は箱庭療法を取り上げる前に、心理療法全般（特にユング心理学おいて）について、治療者とクライエントの両者に治療的な関係性が成立するためには、以下の条件が整わなければならないとする。

「クライエントと治療者とのあいだにはある種の親密さがあって、そして同時に、両者のあいだは厳然として切断されていなければならない。つまり、治療者とクライエントとのあいだは、非常に近くなければいけないが、同時に限りなく遠くなければならない。両者の距離がこのように近くて遠ければ、治療者の身の上にクライエントとの関係性における治癒的な変化が生じるとき、クライエントにも同じような動きが起こるだろう。治療者の変化がクライエントに、間接的に伝わるともいえる。このような現象は、分析心理学では布置（constellation）と呼ばれている[11]」

ここでは、治癒は布置によって成立し、布置を生じさせるためには、治療者とクライエントとの間の「遠くて近い」心理的距離が必要なことが述べられている。それは親密さであるとともに、両者が厳然と切断されていることであるという。

〈2〉錬金術的容器の布置

さらに、織田は錬金術的容器の布置について下記のように述べている。

「治療者がクライエントとのあいだに距離を取るための次元の違う方法として、想像力の活動があげられる。わたしたち治療者自身が瞑想に取り組むことによってはじめて、クライエントとあいだに、生産的な距離をとることができる。対象との間にただ距離を置くだけならば、生産的なものは生じない。しかし治療者自身が想像活動を行うことによって、内的および外的対象とのあいだに距離が生じるとき、クライエントの治癒につながる新たな力動が、治療者とクライエントそれぞれに生まれるだろう。さらに、新しい力動は、両者の中間の位置に投影される。この新しい力動によってその中間的な場所に、錬金術的な容器が生じる。この容器は同時に、クライエントのこころにも治療者にも布置する。錬金術的な容器に、クライエントの傷つきのみならず、治療者の傷つきまでもが収容されて治癒に向かうのである[12]」

「中間的な場所」や「容器の布置」など、一見非常に難解な文章であるが、言わんとするところはすこぶる単純である。たとえば、厳しい父親に養育されたクライエントが面接に訪れ、面接室で父親からの虐待に近い体験が語られたとしよう。治療者はそのエピソードを半ば瞑想状態で聞いていると、治療者の想像活動の中で、同じような体験が自然にイメージとしてわき上がってくる（たとえ同じような体験が存在しなくても、同類のイメージは発生する）。すると治療者はそのイメージとともに辛い感情に支配されるようになる。これが逆転移である。

やがて箱庭療法に移るが、治療者がその想像活動での体験を抱えることができるようになると、クライエントも同じように過去の傷つきを抱えられるようになる（このような布置を、織田は「変容性逆転移」と名付けている）。そしてその時、箱庭に中心化が起こり、曼荼羅的な表現がなされるようになる。治療者が想像活動の中で、辛いイメージを抱えられるようになることが「治療者における容器の布置」であり、変容性逆転移としてクライエントにそれが布置することが「クライエントにおける容器の布置」、箱庭における中心化と曼荼羅的な表現が「中間領域における容器の布置」であり、三者は同時に成立するものと捉える。そしてこの「錬金術的容器」とはユング心理学における「自己（セルフ）」の概念であるというのが織田の論である。

織田の論には、カルフによって強調された治癒の機序である「自由で保護された空間」という場所的な論が存在しない。そして治療者とクライエントとの「母子一体の関係＝治療者の自己とクライエントの自己との一体」は、治療者とクライエントとの「深い転移関係」の内容として「錬金術的容器の布置」という概念で緻密に論じられる。ただし、「遠くて近い心理的関係性」や、治療者が想像活動の中で、クライエントの傷つきを「抱える」ことの具体的な内容は著書『現代箱庭療法』においては充分に論じられているとは言いがたい（そのため、そのことについては、織田の下で訓練を行い、実際この治療法を実践した著者が後述する）。

〈3〉治療者―クライエントのサトル・ボディ体験

最後に織田が瞑想箱庭療法の治療機序として重要視した治療者―クライエントの体験が「サトル・ボディ体験」である。

サトル・ボディとはサンスクリット語を語源として「見える身体」の背後に存在する微細な「見えない身体」を意味するとされる。ユングがインドのヨーガについて言及する際に注目し、やがて錬金術研究においても重要視した概念である。「見えない身体」とはどういう身体であろうか。これは解剖学的で実体的な身体でなく、イメージとして体感できる身体という意味合いを持つ（実は筆者の新しい瞑想箱庭療法において問題にする身体もサトル・ボディである）。我々東洋人にとって，身近には東洋医学における経絡やそこに流れているという気などがそれに相当するであろう。こうした東洋医学の概念は「見えない身体」を意味している[13]。しかし，我々が実際針灸治療を受けることで，気や経絡をイメージないしは体感することができるし，ある種の心身の症状がその治療によって軽減されることも事実である。

「見えない身体」について，織田はユングにおける錬金術の研究を拠り所にした。たとえばユングの以下のような文章を引用する。

「わたしたちは錬金術の作業に関連する想像過程について，ついファンタジーと考えてしまいがちだが，これを実体のない空想として受け取ってはならない。つまり，ある種の実体を備えた，半ば精神的で霊的な性質の，精妙な捉えがたい生命体，つまり精妙体と考えなければならない。経験的なこころに関する心理学がまだ存在しなかった時代には，（心的事象を有体と見る）具象化は必然の成り行きであった。なぜなら，無意識的なものはどんなものでも，それがいったん活性化されれば，必ず物体（実質）的なものに投影されたからである[14]」

織田は箱庭療法においても，クライエントが箱庭に投影を入れ込んでいくと，箱庭の砂やアイテムはクライエントにとって単に物質としてばかりでなく，精神的なものとして機能するとしている。物質的で精神的なものとは「あたかも生きている存在」であるかのような身体的な体験をクライエントも治療者もするという意味である。そこには，クライエントと治療者のイメージとしての身体的体験が働いているからである。これがサトル・ボディ体験であるが，そのためには，治療者の想像活動におけるサトル・ボディの体験が重要であると述べている。以上の視点は，治療者の内的体験としての身体的体験を重視したという意味では画期的なものである。では、そのサトル・ボディ体験はどのようにして成立するのであろうか。これについては、第3章で説明を加える。

3　瞑想箱庭療法の訓練

織田は瞑想箱庭療法の訓練について次のように述べている。

「箱庭療法家になるためのトレーニングについて、国際箱庭学会の会員になるための条件を参考にしながら考えてみよう。もっとも大切なことは、指導者から箱庭療法を用いた教育分析を受けることであろう。そして指導者からの、箱庭療法事例のスーパーヴィジョン体験も必要である。もうひとつ基本的なことは、わたしたちが何らかの心理力動的な心理療法による人間理解の仮説、たとえばユング心理学あるいは精神分析の人間観を学び、それが箱庭療法に生かされなければならないということである。そして当然のことであるが、箱庭療法家は箱庭を用いなくても、言語を媒介とする心理療法ができなくてはならない。

クライエントにとって、箱庭療法を行わないという自由が確保されている必要があるのだから、箱庭療法家は、クライエントが子どもの場合にはとりわけ、プレイセラピーができなければならない。大人の場合には、言語による面接はもちろんであるが、特に大切なことは、想像力と内的なイメージを用いた面接に習熟している必要がある。子どもの場合にももちろん、治療者が自身の自然発生的なイメージに開かれていることは必要である。全期間にわたって箱庭が作られることも多いが、相当長期の心理療法過程の、一部の期間のみ箱庭表現を行うという場合がむしろ多い。だからこそ箱庭治療者は、同時に心理療法家でなければならない。なお箱庭療法家になろうとする者はその前提として、臨床心理士や精神科医など、心理療法家になるための、基礎資格を持つことが必要と考えられる[15]」

織田がここで強調していることは、治療者が想像力を用いた心理療法の技法に体験的に熟知していることであり、そのような心理療法理論である心理力動的な方法とその前提になる人間観（おそらく、西欧的、キリスト教的人間観に濃厚に見られる「対他的関係性」を重要視する考え方）を治療者も持つということであろう。実際、織田から筆者が受けた指導とは以下のようなものであった。

教育分析では、アナリザンド（被分析者）である筆者はカウチに横になり目を瞑る。アナリストである織田が筆者に見えない枕近くにペンと記録用紙を持って座る。そして五〇分間で、アナリザンドの心に自然に発生してくるイメージを報告する。イメージについて曖昧に報告すると「もっとイメージをしっかり捉えてください」とアナリストから言われる。その流れの中で箱庭を置く場合もあるが、箱庭ではアナリストは前述したようなスタイルをとる。一見、こうしたトレーニングは精神分析における「自由連想法」を連想させるが、それとの明確な違いは、どこまでも、アナリザンドに自然に発生してくるイメージに焦点を当てていることと、アナリストが解釈をしないことである。

これは、アナリザンドが瞑想していることに近い状態にあるといってもよいであろう。そして、その間、おそらくアナリストも瞑想しながら、自分に想記してくるイメージとアナリザンドに想記してくるイメージの対応関係をつかんでおられたものと思われる。そして、象徴的なイメージが語られると、それを、ユング派の象徴理論で解釈されていったのであろう。

実際、筆者は週一回から二週に一回五〇分の頻度で五年間ほど、織田氏からご指導を賜ったが、想記されてくるイメージの変化が深まることは事実であった。筆者の場合には、二時間半かけて自宅から織田氏の分析室まで通ったが、初期の面接の初めで想記されてくるイメージは、分析室に向かう電車の車窓から見える風景がほとんどであった。ところが、筆者が面接で座るカウチに慣れてくると、幼い日々の両親に関する葛藤等が想記されるようになったり、さらに、面接の終盤（織田氏からの訓練は、織田氏の急死によって突然の終結となった）には日本神話の神々に関するイメージ等が想記されてきた。特に、父親や神話の神々へのイメージ（古事記の天地創造やオオナムチなどのイメージ等）が出てくることで、筆者は無意識的にアナリストへの畏怖と尊敬の感情を強く抱くようになっていった。

以上は明らかに、アナリザンドのアナリストに対する強い転移であり、ここで、アナリザンドはほとんど無意識的にアナリストの支配下に入り、アナリストとの世界観を共有せざるを得なくなることが、現在では理解できる。そして以上のような転移が、先に説明した「布置」と言われるものであり、筆者に想記された父のイメージや神話のイメージはおそらく元型的イメージに近いものであろう。

そして、織田氏の亡くなる直前の教育分析においては、瞑想中に銅鏡が現れ、そこに何か神話時代の神のような姿が出ていた。そのことを報告すると、織田氏から「もっと何が映っているのかよく見てください」と言われたが、それ以上はイメージが出てこなかった。ところが、驚いたことに、織田氏の突然の死（その出来事は、強い転移感情を持っていた筆者には外傷になるほどの悲しみであった）に伴い、葬儀に参列した筆者は、神式で行われた葬儀で氏の御霊の前に掲げられた鏡を見た時、そこに映った「筆者自身」の姿に圧倒させられてしまった。教育分析の時、瞑想の中で現れた鏡のイメージが、今現実に筆者の目の前に存在し、そこに筆者自身の姿が映し出されていたからである。

このような体験は、ヌミノーゼに近い感動体験であるとともに、教育分析の終結・師との永久の別離を感じざるを得なかった（ただし後述するように、こうした感情はあくまでも、教育分析の中で引き起こされた人工的なものであった）。しかし、そのような関係性がやがては、以下のようなごく当たり前な治療者―クライエント関係にも特別な配慮を向けなければならなくなる。以下は、治療者が、やむをえない事情で約束された面接の時間帯をキャンセルせざるを得なくなった時に、治療者とクライエントとの間に生じるかもしれない感情的混乱について、織田氏が述べたものである。

「箱庭療法でも、心理療法的な関係性が成立しなければ治癒は生じない。この心理療法的な関係性については、スサノヲとアマテラスがそうであったように、『傷つけ、傷つけられる』関係を体験しなければ、『癒し、癒される』関係もまた期待することができない。〔中略〕たとえば治療者はときに現実的な事情のために、クライエントとの規則的な継続面接をキャンセルせざるを得ないことがある。このような場合、箱庭療法のクライエントは、治療者のやむをえない状況を理解しながらも、そのようなキャンセルに対して怒りを感じることが考えられる。しかもクライエントは治療者がやむをえない事情で休まなければならないことはわかっているので、その怒りの体験は複雑なものになる。〔中略〕自然発生的な治癒を促進するためには、これまで述べてきたことであるが、その対極をなす『傷つけ、傷つけられる』関係にこころを開くことがどうしても必要である[16]」

しかし逆に、ごく当たり前な心理療法の期間には起こり得る状況に対して、『傷つけ』『傷つけられる』関係として特別に配慮しなければならないものであろうか。筆者は、その背後に極めて人為的・操作的で特殊な治療者とクライエントとの情緒的関係性（河合の言う「強い転移」関係）が存在し、それを作り出した治療者自身が、かえってそのことに執われているからだと推測する。
織田氏から学んでこの方法で心理療法を実施していた筆者にも、心理療法場面で同じような現象が起こったことがある。クライエントの身体症状が治療者自身に布置して、心因性の喘息症状と同様の状態に陥り、緊急外来にかつぎこまれたこともあった。さらに、治療者に対して強い転移感情を起こしていた不登校の生徒が、登校できるようになった際、新しい学期の始まりとともに心理療法を終結したことに対して、「これまで先生が僕を受け入れてくださったような優しい態度のすべては、計画的な芝居だったのですね。そういう絵を最初から先生は描いたのでしょう」と恨みの言葉を投げつけられたこともあった。「心理療法とはそのような人工的で特殊な人間関係であり、クライエントを操作することこそ治療者側の切断の働きであり、それによってクライエントは治療者のことなどあてにしないで立ち上がれるだろう。クライエントに父性が布置して、自我の確立が図られたのである。社会性を身につけた第一歩である」などという思いも浮かばないわけではなかったが、そのように開き直ることは、人の心を弄ぶという行為に他ならないと現在では深く反省している。そして、極力このような方向に向かわない治療関係での心理療法の在り方を探求している次第である（いかなる心理療法においても二律背反的になることを重々承知しながらである）。

ただし、織田氏からの学びの中で、スーパービジョンにおいては、毎回「どういう方法でクライエントに面接、対応したのか」ということよりも、徹頭徹尾、治療者の面接中、想像活動の中で「いかなるイメージが布置してきたのか」ということに焦点が絞られていた。そして想像活動の中でのイメージとクライエントの置く箱庭との対応関係が検討された。この方法によって、治療者とクライエントの臨床的関係（治療関係）、特に治療者の心理療法場面における態度が育成されたことはとても意義深いものであった。また、先に述べたような課題を与えてくださったのも織田氏である。

４　瞑想箱庭療法の課題

織田の瞑想箱庭療法の課題について、ここで、再度整理してみよう。これらは、この方法だけではなく、治療者とクライエントとの情緒的交流を重視するすべての心理療法の理論にも当てはまることである。

○治療者とクライエントの転移・逆転移関係を重視し、それを精密に観察、解釈することが、結果的に治療者のクライエントへの無自覚的な操作性を強化させ、クライエントを支配してしまうことになりはしないか。

○織田の瞑想の目的があくまでも、治療者が、治療者とクライエント関係（転移・逆転移関係・布置）を調べるものとなるためにあることが、織田自身が最も懸念していた、治療者によるクライエントのこころへの侵入となり得る危険性を孕んでいる。

さらに、これまで述べてきた治療者―クライエント間の転移・逆転移関係の観察、見通し等を重視する箱庭療法は、それが展開していく糸口である治療者の瞑想の方法に最大の問題が存在している。それは織田の提唱する瞑想の方法の矛盾である。たとえば、織田はどのような瞑想を行うのかについて以下のように説明している。

「瞑想は無心になること、と思われている。しかし瞑想という営みは、こころをなくする、という意味で無心になることではない。真に無心になるということは、わたしたちが意図的で意識的であることをやめるということである[17]」

一方で、下記のようにも述べている。

「瞑想は自然発生的なこころの動き、つまり、こころの思いにゆだねられるべきものであるが、同時に、わたしたちが浮かび上がってくる思いを捉えようとしなければならない[18]」

ここで、「意図的で意識的であることをやめる」という態度と「浮かびあがってくる思いを捉えようとしなければならない」という矛盾がなんのためらいもなく述べられている。実際に瞑想に入り「意識的で意図的であることをやめた」なら「浮かびあがってくる思いを捉えようとする」ことは不可能になる。「浮かび上がってくる思いを捉える」ことはまさしく意識的な作業に他ならず、そこには、自然発生的に浮かび上がった思い、イメージにも意識的な操作が入らざるを得ないからである。そして、このような瞑想の態度、方法こそが、治療者―クライエント間の転移関係に過剰に注意を向ける、意図的で操作的にならざるを得ない箱庭療法を展開させていく原因の一つになるものと考えられる。

しかしながら、ここが重要であるが、この方法における筆者の体験では、瞑想中に筆者のこころに浮かんだイメージ、想念を捉えようとすると、半ば意図的に面接中のクライエントからのエピソードが突如浮かんできたり、今度はその想念、イメージに関する別のイメージが浮かんできたりしてしまい、最終的にはクライエントの物語と重なり、治療者の逆転移を不自然に増強させる。

現在の筆者は、瞑想中に治療者に布置するイメージや想念は、決して意図的、意識的に捉えられるものではないと考えている（これは筆者の経験的事実である）。その理由は、イメージ、想念は瞬時、変化、流転していくものであり、それはこころというものが瞬時変化しているものであることに他ならないからである。このようなこころの事実を無視して、心的現象を実体化して捉え、そのことで、治療関係や治療の経過が把握できるとする理論に「無理」があるものと思われる。

しかしながらこれまでの心理療法においては、治療者の基本的な態度として「関与しながらの観察」が必須の条件とされてきた。この「関与しながらの観察」には、始めから治療者側が操作性と侵襲性に陥らざるを得ないという問題が潜んでいるように思われてならない。しかし、近代の科学的世界観の常識においては、心理療法の場面における治療者側の関与する主体が放棄されると、そこに治療関係は成立しないとされる。この問題については第3章で検討したい。

第3章

「新瞑想箱庭療法」の理論と技法

本章では、治療者のクライエントへの操作性と侵襲性を排除するための、瞑想方法と治療構造を持った「新しい瞑想箱庭療法」の理論と技法の説明を行う。

最初に、「新しい瞑想箱庭療法」の理論的モデルとして「他力モデル」を提起して「治療者が治そうとしない」心理療法のモデルについて思想的背景（自然観・人間観）も視野に入れて言及する。次に、「操作性」「侵襲性」の問題をどう解決するかについて、まず、治療構造としての「対自的関係性」の重要性を取り上げる。ついで、「操作性」「侵襲性」を極力排除した治療機序を成立させるために、「治療者」と「クライエント」が「場」を介在として融合していくことの重要性について心理力動的に、西田哲学をも参考にして説明する。そして、以上の「治療モデル」「治療構造」「治療機序」は、どこまでも治療者の「瞑想的態度」を通して初めて成立し得ることを強調する。最後に、今日の心理療法全般における治療者の治療態度の常識である「関与しながらの観察」に対して、「場」に融合した治療者の「自覚」体験の重要性を提起する。

なお、加えて、「箱庭療法」の効果を高めるために、森田療法に継続させることの意義を「新しい瞑想箱庭療法」の理論との関係性も踏まえて紹介する。

1　河合隼雄の心理療法のモデルとしての「自然《じねん》モデル」の検討

「新しい瞑想箱庭療法」の理論の説明にあたって、まずは、治療者が自らの「こころ」およびクライエントの「こころ」に向き合う態度について検討することから始める。ここでの「態度」とは目に見える、治療者の身体性、心理的内容すべてが含まれる。

その際に参考となるのは、河合が提起した心理療法のモデルについての論考とそこで語られた「自然モデル」についてである。

河合はその著において、心理療法のモデルを以下のように分類する。(1)

①医学モデル

医学的治療一般で行われているような治療モデルで、心理療法の世界では「精神分析学派」等により実施されているモデルである。

症状→面接・自由連想→病因の発見→情動を伴う病因の意識化→治癒

②教育モデル

学校教育現場に代表される、いわゆる教育の現場で実施されている教育指導であるが、心理療法の現場では「行動療法」や「認知行動療法」、さらには、行動療法化した、現代の「森田療法」の一部等に該当するであろう。

問題→調査・面接→原因の発見→助言・指導による原因の除去→解決

③成熟モデル

問題→治療者の態度により→クライエントの自己成熟が促進→解決が期待される

④自然モデル

河合は、①〜③の心理療法のモデルはいずれも、治療者はクライエントに対して「〜すれば〜なる」という因果論的な働きかけと、因果論的思考に執われていると考える。このような因果論は「このように治療すればクライエントは治る」という操作的思考そのものである。そこで河合は、治療者がクライエントを治すのではなくて、クライエントそのものが自から治っていくモデルを提起した。これが「自然モデル」であるる。自然モデルについては下記のように示すことができよう（河合の記載が無いので自然モデルについては、筆者が次のようにまとめた）。

症状・問題→治療者が「道」の状態に入る＝同時（布置の成立）に症状・問題の変化→解決

河合は、下記のように言う。

「治療者が『道』の状態にあることによって、非因果的に、他にも『道』の状態が自然に生まれることを期待するのである(2)」

ここで言われる「道」とは老荘思想における「タオ」を意味する。「非因果的に」という意味は共時的ということであり、「他にも生まれる」ということは布置されるという意味でもある。ただし、それは、これまで述べた織田の理論とは異なり、布置や共時性を治療関係で成立させるような、治療者からのクライエントへの操作性は全く感じられない。ただ治療者はひたすら「道」の状態にあればよいのである。このようなただひたすら「道」の状態にあることへの比喩は、よく取り上げられるユングの以下の文章が参考になる。

「大変な旱魃《ひでり》であった。何ヶ月もの間、一滴の雨も降らず、状況は深刻だった。カトリック教徒たちは行列をし、プロテスタントはお祈りをし、中国人は線香をたき、銃を撃って、旱魃を起こしているデモンたちを驚かせたが、何の効果もなかった。最後に、その中国人が言った。「雨乞い師をよんでこよう」。そこで、別な地域から、ひからびた老人がよばれてきた。彼はどこか一件の静かな小さい家を貸してくれとだけ頼み、三日の間、その家の中に閉じこもってしまった。四日目になると、雲が集まってきて、たいへんな吹雪になった。雪など降るような季節ではなかった。それも非常に大量の雪だったのである。町中は、すばらしい雨乞い師の噂でもちきりであった。そこでリヒァルト・ヴィルヘルムは出かけて行って、その老人に会い、どんなことをしたのかたずねた。彼は、まったくヨーロッパ風にこうきいたのである。「彼らはあなたのことを雨乞い師とよんでいる。あなたがどのようにして雪を降らせたのか、教えていただけますか？」すると、その小柄な中国人は言った。「私は雪を降らせたりはしません。私は関係がありません。」「では、この三日間、あなたは何をしていたのです？」「ああ、そのことなら説明できます。私は別の地方からここへやってきたのですが、そこでは、万事が秩序立っていたのです。ところがここの人たちは秩序から外れていて、天の命じる通りになっていないのですよ。つまり、この地域全体がタオの中にないというわけです。ですから、私も秩序の乱れた地域に居るわけで、そのために私まで物事の自然の秩序の中に居ないという状態になってしまったわけです。そこで私は三日間、私がタオに帰って、自然に雨がやってくるまで、待っていなくてはならなかった、というわけなんです[3]」

前述した文章と心理療法における「自然モデル」との比喩的関係について解説すると、「雨乞い師」に該当するのが治療者であり、ひでりの続いているこの地方の状態が、症状に苦しむクライエントの心身の状態に喩えることができよう。そして、この地方に雨乞い師が入ってきた時、彼の整っていた心身の状態が乱れること、これは一時的にクライエントの影響を受けることに喩えられるであろう。やがて、雨乞い師は小屋に入り、乱れた心身の状態を整える。そして、雨乞い師の状態が回復した時に、突然、雨どころか雪が降り出したということは、治療者とクライエントとの間に布置が成立し、クライエントの症状も治癒したことに喩えられるであろう。ここでは、治療者がクライエントを治そうとする態度から解放されて、治療者はただひたすら、自分自身に向き合い、己の心身を整えたということが語られている。

このように治療者がクライエントを「治そう」とする執われから解放されることで、逆に、クライエントが自ら「治る」という心理療法のモデルが、自然モデルである。河合は「治療者がクライエントを治そう」とする態度から解放されることを「道」の状態とも述べている。それは、「治そうとする態度」「～すれば～なる」という因果論的な思考から解放されることでもある。ここでの「道」の状態は治療者の「（無為）自然」の態度によって成立するものである（「道の状態にあることと（無為）自然の態度とはひとつのものである」とは、荘子〈B.C. 3世紀〉に論究されている）。

そこで、ここでの「自然」という言葉の意味についてさらに詳しく検討したい。

2 「自然」概念の検討と「他力モデル」

最初に「自然」という概念について、その哲学・人間学的意味について言及する。「自然」という用語は我が国では、明治期に近代西欧の文化、思想の輸入とともに〝NATURE（ネイチャー）〟に相当する日本語として使われるようになった。

ところがネイチャーの本来の意味は対象化して、観察、操作されるべき外界の自然を意味する語であり、その背景には、ソクラテス、プラトン、そして近代の科学的世界観に通底した西欧的自然観が存在すると言われる。(4) ここでは、対象化する主体としての自我に対象化される客体としての自然は分離しているが故に二元論でもある。

東洋（特に我が国を含めた東アジア）の自然観においては、自然は二元論的には考えられなかった。たとえば先の荘子は「天地は我と並び生じて、万物は我と一たり」「物の自然に従いて、我を容るなく」（『荘子・内篇』）と言われるように、一元論的に語られている。

特に我が国では中世より「自燃法爾」という語がよく使われている。「自燃法爾」は、鎌倉時代の仏教者・親鸞によって用いられたのが有名であるが、この語の一般的意味は以下のようである。

「自然…みずからしからしむ
　　おのずからしからしむ」
「法爾…定められた法則」（必然）

福永[5]によると、中国において、自然とは「オノズカラシカル」という意味で「すなわち本来的にそうであること。もしくは人間的な作為の加えられていない、あるがままの在り方を意味し、必ずしも外界としての自然の世界、人間界に対する自然界をそのままでは意味しない」と言う。以上は一元論的な考え方である。我が国でも「オノズカラシカル」という意味で用いられ、それは『自然』と発音されることになった。ただし、木村によれば、「自」は「オノズカラ」を意味するのみではなく、「ミズカラ」も意味するとされる。つまり、「オノズカラ」と「ミズカラ」は一応の現象的な区別はあっても、根本においては一つの事柄を指すと説明されている[6]。

以上の説明から、自然は、「人間的な作為の加えられていないありのままの在り方を意味し、必ずしも外的自然のみを意味するものではない」ということである。それは我々の常識とする、人間の自我主体が存在し、それが外界の自然を操作するので、自我主体としての人間は自然から独立して在る、という考え方とは異なるものである。

にもかかわらず、自我主体は確かに、自然から独立して存在している。そうすると、自我主体ではないものが存在して、それが外的自然に開かれているとも考えられる。この自我主体でない自然のことを「内的自然」と呼んでもよいであろう。「内的自然」とは、生理学的な身体の働き、特に、不随意筋や臓器等を連想しがちであるが、実はそれだけでなく、精神活動（心理的であるばかりでなく身体的な意味合いも含まれる）もある。それは臨床心理学、特に心理力動的（特にユング心理学）では「無意識」と言われる概念に近い。そして、その無意識の働き（正確には集合無意識の創造的働き・セルフの働き）は、外的自然に融合しながら能動的側面である「ミズカラシカル」を受動的側面である「オノズカラシカラシムル」がその内に含みながら働くものと考えられる。それは親鸞によれば「法爾」として，一つの法則のように不変的なものでもある。

なお，親鸞は「自然法爾」を仏教的な表現で（老荘思想の影響を受けて中国において成立した浄土仏教において）「絶対他力」の境地と考えていたようである。理由は「ミズカラシカル」を「自力」と捉えるならば，「オノズカラシカラシムル」は「他力」である。[7] しかし，それが一つになって，無意識的に働くことは，「自力」「他力」を包摂した意味での「絶対他力」としか表現のしようがないからである。以上述べたところから，「自然モデル」は絶対他力としての「他力モデル」でもある。

3　ユング心理学における「自然モデル」

河合によって提唱された「自然モデル」は，先に述べたようにユングの「雨乞い師」の喩え話（正確にはユングの友人のリヒァルト・ヴィルヘルムの話）にヒントを得たようであるが，同じく「雨乞い師」の寓話を，日幸は，ユング心理学の概念に基づいて次のように説明する。

「レイン・メイカーの話は『結合の神秘』に載っています。それは「道」ということを中心にしてセルフの話を運んでいる部分ですが，賢人は瞑想によって道の外にある自分を，道との調和において取り戻すということに関連して，脚注に紹介されています。セルフは意識と無意識の全体であるとともに中心であるという考えを，ユングはもっていたわけですから，ちょうど中国思想の天・地・人すべてを貫く「道」という考えも，ユングのセルフと同じような考えに属するわけです[8]」

目幸は、ここで、外的自然と内的自然とをつなぐものとして、ユングの言う集合的無意識としての自己（セルフ）を取り上げている。その際に雨乞い師の行為として、特に瞑想を取り上げている。筆者は、その瞑想を箱庭療法で用いる方法を織田より学んだ。そして、織田も瞑想を通してのセルフの布置を重視したことは言うまでもない。ただし、織田の場合には箱庭療法を含めた心理療法全般に対して、治療者―クライエント関係を問題にし、その精緻な分析と解釈に注目しすぎたため、それにも起因する不徹底な瞑想に、前述したような問題点を筆者が感じざるを得なかったのである。

先に河合隼雄の「自然モデル」について述べてきたが、河合の場合、その「自然モデル」における心理療法の実践に関しては何等の言及もなされなかった。ただし、これまでの河合の論から、「自然モデル」の心理療法（箱庭療法も含まれる）においては、河合が随所で述べている「深い転移」が成立するものと推測できる。そこで筆者は、河合の「自然モデル」をあえて「他力モデル」として、「他力モデル」における箱庭療法を創始した。それは、織田の方法とは異なる新しい「瞑想箱庭療法」である。

4　新瞑想箱庭療法の実際

〈1〉「対他的関係性」を重視する心理療法から「対自的関係性」を重視する心理療法へ

心理療法やカウンセリングでは、治療者とクライエントとの情緒的交流が何よりも重視されてきた。基本的にクライエントは治療者から、受容、共感されたり、治療者から守られることで、陽性感情が生じたり、逆に陰性感情に陥ったりする。逆に治療者にも同様な感情が生じる。そうした双方の情緒的交流の内容を治療者が分析、解釈し、治療関係を操作することで治療が進められていく。

以上のプロセスは、すでに述べた織田の心理療法の理論、方法をみても明らかであろう。このような心理療法における治療者とクライエントの関係を「対他的関係性」という(「対他的関係性」「対自的関係性」という概念は織田によって用いられたものである)。そして「対他的関係性」は、今後も多くの心理療法理論、方法における、治療者とクライエントの関係の基本的な関係性として重視されていくであろう。ただし、ここで忘れてはならないことは、そうした関係性は常に、治療者のクライエントに対する操作性や支配性と表裏一体であり、そこには根深い偽善性が存在しうることである。それを心理療法に携わる者は充分自覚すべきであろう。

それではその支配性、操作性を極力少なくするためにはどうしたらよいであろうか。それは、「対他的関係性」を尊重しながらも「対自的関係性」を重視する方法を模索することであろう。筆者が実践する「新しい瞑想箱庭療法」はその試みの一端である。「対自的関係性」とは、治療者—クライエントの関係性以上にそれぞれが、面接場面で自分自身に向き合うという意味である。それでは、実際に「対自的関係性」を重視する箱庭療法においては、どのような治療構造が必要となるのであろうか。

〈2〉「新瞑想箱庭療法」の順序

まず箱庭療法に入る前に、治療者は図1(48頁)のような角度での面接を行う。ここでは治療者とクライエントが直接に向かい合い、緊張することを避けるためである。最初に、治療者はクライエントからの情報等を聞くインテーク面接を行うが、その時、ここでの心理療法の構造を説明する。面接は通常二週に一回の頻度で、一回五〇分行う。五〇分中、二〇分前後は治療者がクライエントの話を聞く。あるいは、この段階

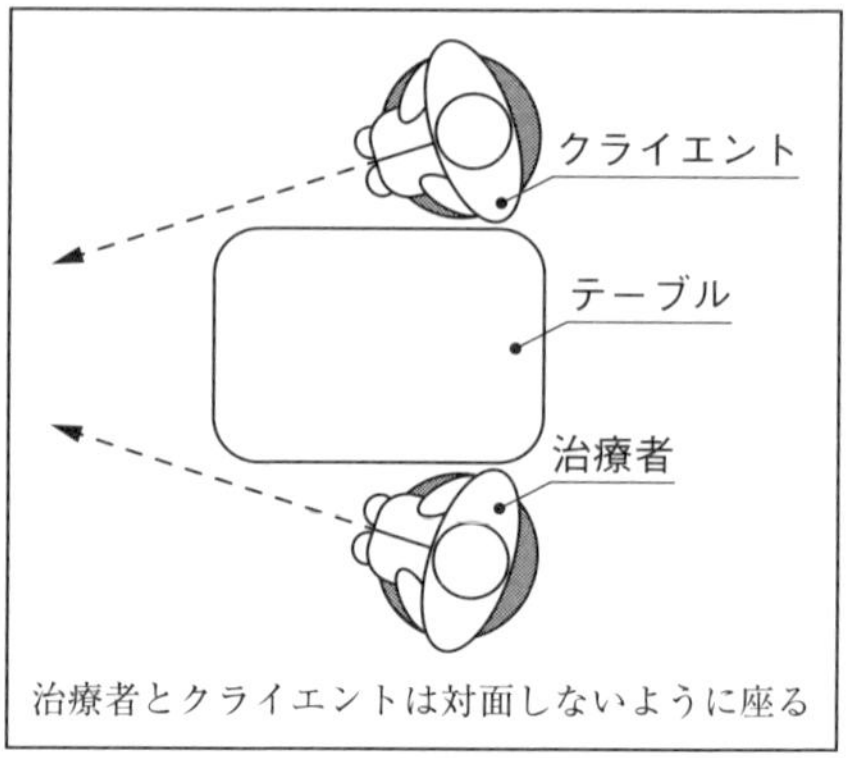

図１　治療者とクライエントの位置関係

ですでに日常の行動が可能なクライエントには、外来森田療法的日記を書いてきてもらい、そこで助言を行う（外来森田療法については、65頁以降で後述する）。そして、残りの三〇分で箱庭療法を実施すること等を伝える。なおこの段階ではまだ日常生活を充分に行うことができないクライエントに対しては、箱庭療法を通して、症状がある程度安定して、外界での日常生活に踏み切れるようになった段階で「外来森田療法」に切り替えて日記を書いてもらい、日常生活における生活訓練的療法を行うこと等も伝える。もちろん箱庭療法だけで充分に完治するケース（特に乳幼児期や児童期、思春期の場合）には、それを実施しない。

なお、治療者がクライエントのエピソードを聞く時には、半眼の状態で瞑想しながら聞く。ここでの瞑想状態は箱庭療法においても継続するが、瞑想の方法については第4章で説明する。

治療者は、箱庭療法の開始とともに、箱庭制作現場から約一メートル離れたところに後ろ向きに座り、瞑想に入る。

そして、クライエントの「終わりました」（終了）の声（合図）とともに箱庭の近くに行き、箱庭を見る。その時、箱庭については解釈せず、まず、箱庭、面接空間、窓の外など外部について、「箱庭」開始前と終了時とでは治療者自身の「見え方がどう変化したか」に注意する。見え方の変化とは、「箱庭のアイテムが鮮やかに見える」「部屋の空気の変化」といったこと、さらに「窓の外の風景の輝き」などである。また、呼吸の深まりなどにも注目する。

以上のような身体的体験については、クライエントの方でも同時に体験している場合も多い（これが布置である）。時にはそれを確認してもよいが、あまり意図的には行わない。クライエントの方からの発言を待ってもよいであろう。

ここでの面接においては、治療者とクライエントの身体的な距離が明確にとられているとともに、治療者はクライエント内面に対して何らの介入もしていない。ただ、治療者とクライエントの「その場」における身体感覚について注意、関心を向けているだけである。

なお、箱庭作品については、クライエントへ無理に説明を求める必要はない。ただし、治療者が作品を眺め、特に、治療者の感覚が強く刺激されたアイテム、あるいは箱庭表現全体の構成等に注目することは重要である。この際に大切なことは、治療者は「その場」で、箱庭表現をユングの象徴理論を使って解釈せず、治療者の「心身の状態」がどう変化するのかにそれとなく注目することである。

ここでの「心身の状態」とは、この箱庭表現全体の構成から、あるいはそこに置かれたアイテムから、それを眺めた時に「五感が鮮やかに開かれる」「ものすごく爽やかな気分になる（あるいは、その逆もある）」等といったことだったり、面接室の空気の変化等である。箱庭作品に触れた治療者の「心が強く動かされる」ことの大切さは、箱庭療法一般では当たり前のごとく言われるが、ここで筆者が強調したい点は、治療者の主観的感情の変化より、五感の変化を通した上での感情の状態が大切だということである。感情に注目しすぎることは、必ず、治療者の価値判断が伴い、治療者が「箱庭作品」に触れた瞬間に直観的に把握した直接的な事実から遠のいてしまうからである。

なお、大きく身体感覚が伴われた時の瞑想の深さについて、たとえば、呼吸の深まり具合、さらには、箱庭療法が終了しても自然に想記されてしまう印象深いイメージ、その他、箱庭作品を眺めていると突然「このようなイメージ」がリアルに発生してくることなどに注目することも大切である。もちろん、自然発生してきたイメージの意味、解釈等は行わない。

これまでの記述から、ここでの箱庭療法の治療構造は極力、治療者が自分自身に向かい、クライエントも自分自身に向かい、双方の情緒的交流に焦点を当てないような「対自的関係性」重視の方法がとられていることを理解いただけたのではないかと思う。

箱庭療法を何度か繰り返すと、やがて、箱庭に「中心化」が表現される。「中心化」とは、箱庭作品に周囲に守りのある中心が明確に表現されることである。クライエントの心的エネルギーの高まりが表現されたものであり、ユング心理学で言う「自己」（セルフ）の表現でもあり、自我がセルフに開かれ、こころ全体のバランス（ユング心理学では、精神的に病んだ状態とは、意識と無意識とのバランスが崩れた状態とされる）が回復される証とされる。

ただし、箱庭に中心化が表現されれば、クライエントの心理的な安定が図られ、症状が好転するという考え方自体は問題であろう。そうした考え方そのものが因果論であるが故である。症状は、治療者とクライエントがともに関与する「場」を通した関係性や、さらにはその背後にある、両者の日常生活の在り方等すべてにわたる直接的、間接的な関係性が箱庭における「中心化」というシンボルの表現で布置されてくるからである。

そこで、箱庭に中心化が現れた時には、治療者は、まず自らの、その場における先に述べたような身体感覚の変化について注意するとともに、それとなく、クライエントのその場における身体感覚について尋ねてみたり、クライエントの症状の変化のみではなく、日常生活全体についての変化等を知ることが重要である。このような事実を通して、クライエントの心理的安定と症状の好転が確認されるであろう。それは、瞑想する治療者と箱庭を置くクライエントとが、双方のこころの深層（セルフ）において交流することである。これは、河合の言う「深い転移」の成立でもある（なお、本章ではそれを治療者とクライエントの「純粋経験」として後述する）。

なお、ここで明らかに心的なエネルギーの高まりが推測された段階で、外来森田療法へと切り替えて、日常生活での森田療法的助言を行っていけば、クライントの日常生活における症状への対応、さらにはセルフコントロールが可能になっていく。

〈3〉「瞑想」の方法

これまで述べた事実からも明らかなように、筆者の「新しい瞑想箱庭療法」の中核となる行為は、治療者の実践する「瞑想」である。ただし、そのことで、クライエントの即時的な治療効果を測定するというものではない。ここで取り上げる瞑想は、あくまでも心理療法としての臨床的行為であり、宗教的な行為とは異なるものである（たとえば禅仏教における修行としての座禅があるが、これは「開悟」という宗教的な境地を目指す瞑想である）。

心理療法においては、フォーカシングやセンサリーウェアネス、最近ではマインドフルネス認知行動療法等に瞑想が用いられている。いずれの方法もクライエントないしは、グループワーク等の参加者が実践し、その効果を明らかにする方法であるが、どの方法も、治療者自身が瞑想を行い、その効果について云々しないという筆者の瞑想とは、面接の構造からしても異なるものである。

この瞑想の方法を、筆者は織田から直接的に学んだ。瞑想に関する以下の言説の一部分は、今なお輝きを失っていない。そして、筆者の新しい瞑想方法の核心ともなっている。それは前述した瞑想における「無心」の説明の部分である。

「瞑想は無心になること、と思われている。しかし、瞑想という営みは、こころをなくする、という意味で無心になることではない。真に無心になるということは、わたしたちが意図的で意識的であることをやめるということである(9)」

後半の「意図的で意識的であることをやめる」という部分は、特に瞑想に臨む治療者の態度として重要である。それは、治療者のクライエントへの操作性を一切放棄することであるからである。では実際に、そうした瞑想行為は、いかにしたら可能になるであろうか。筆者は次のような臨床実践を行っている。

まず先にも述べたように、治療者はクライエントから離れた場所（一メートルくらい離れた場所）に座り、目を閉じ、呼吸を整える。そして（ここからが織田の方法とは明確に異なる）、治療者のこころに自然に発生してくる想念、イメージを追いかけないようにする。これは我を忘れて、自然に発生してくる想念、イメージを、そのまま受け流すことでもある。こうした体験は、筆者においては、半眼の状態で、肩の力を抜き、ゆっくりと息を吸い込み、吐き出すことで成立してくる。「我を忘れ受け流す」とは、様々なイメージがこころに浮かんできてもそれらのイメージに執われないことであり、ひたすらそのままにしておくことである。もちろん、受け流しても、簡単に受け流せない強烈な印象として残るイメージもあるが、それはそのままにしておけばよい。これは、イメージに意識を向け、それを意識で捉える織田の方法とは異なる。

前述した事柄は、呼吸の深まりとともに、意識の水準が、無意識の領域近くまで降りていくという行為でもある。

ここで忘れてはならないことは、瞑想に入る行為は、クライエントとの箱庭に入る以前の対話面接の段階で、すでに準備されなければならないということである。治療者が「面接時にすこぶる日常的な意識でクライエントに関わり、クライエントが箱庭制作に入った時から瞑想に切り替える」ことは、クライエントを混乱させる可能性があることと、治療者自身においても不自然な行為（極めて計画的で操作的）となるためである。

箱庭療法における瞑想に入る前の治療者は、対話面接の段階では、クライエントの語るエピソードに耳を傾け（傾聴し）ても、そこで治療者に自然発生するイメージや想念をそのままにしておくことが大切である。こうした態度は、結果的には治療者が共感しても、クライエントの症状への問い等を不問にすることになるので「共感的不問」と名付けてもよいものである。面接時にこのような態度をとれることは、治療者の日常の意識状態ではかえって不自然となり、かつ困難なものとなろう。よって、先に述べたように面接時の段階で、治療者がある程度の瞑想に入っていることが望ましい。

「ある程度」とは、多少ぼんやりした意識状態という意味になろう。これは先の治療者の意識の水準が下がることであり、自我が無意識的水準（詳しくは「意識」と「無意識」との境界あたり）まで降りることでもある。このことが、「クライエントを積極的に理解、解釈しよう」とする治療者自身の自我への執われを離れることにもなる。

なお、いかなる心理面接においても、治療者がクライエントの心的世界や症状の影響を全く受けないことは皆無である。そういう点では、治療者の中立性という理念は理想であり、観念にすぎない。ユングの雨乞い師の喩えで説明すると、クライエントとの面接でタオから阻害された状況に置かれるので、心身が一時的に乱れることが自然である。しかし、共感的不問に徹することで、その乱れもやがては整っていく。それはクライエントのエピソードをはじめ、クライエントの醸し出すものへの執われから離れるためである。

ただこの段階でも、治療者自身の身体的体験は忘れてはならない。たとえば、治療者がクライエントのエピソードに耳を傾けている時、クライエントの語るエピソードの内容ではなく、面接室の光景、たとえば、目の前の机の上に置かれた事物（ペン、ノート等）や景物に五感（特に視覚）を開く。そして、クライエントがリアルにエピソードを語れば語るほど、治療者の五感を通して入ってくる景物を治療者はリアルに体験できるようになることである。これは、クライエントの心身が治療者もともに存在している面接「場所」に融合して、直接的な心理・身体的体験（西田哲学（後述）の概念を借りて「純粋経験」と言う）として話題を語れるようになるためである。それ故に、そうした状態になってきたクライエントは、面接場面に馴染み、治療者との関係は順調であると考えてよいであろう。面接空間に、自然法爾の場が開かれてきたということである。

以上の理論的根拠については、本章最後で説明する。後述するように、既に病臥の状態から解放されたクライエントに対しては、この段階で、日記を用いた助言を、治療者がこれまでのような瞑想状態で箱庭療法と併用して行うが、この助言は「クライエント」を日常生活において、ある程度瞑想的な状態（森田療法における、執われを離れるという「あるがまま」「自然法爾」の状態）に導入するための示唆であり、同じような原理である瞑想箱庭療法をより実施しやすくするための方法である。

前述したような瞑想は、短期的に修得できるものではない。日々の生活の中での訓練とその背景となる「世界観」「自然観」を身につける必要があろう。ここでの「世界観」「自然観」とは、東アジア的「世界観」

面接段階で，面接室の景物に五感を開いていく
箱庭から離れた位置で，瞑想に入る
呼吸を整える
想念を流す

図２　新瞑想箱庭療法のイメージ

「自然観」（生活思想として日常生活に浸透している老荘思想、中国・日本仏教、神道的文化）であり、すでに我々の文化の中で蓄積されてきた生活意識そのものである（これは先に説明した「内的自然」を重視する、自然法爾の生活態度のことである）。今日の我々はそれを忘れてしまっているが故に、あえて再発見することにもなろう（具体的な訓練法については次章で解説する）。

ここで述べてきた瞑想箱庭療法の方法が何故必要かを一言で整理すると、この箱庭療法が、治療者―クライエント間の表層的な転移関係（河合の言う「強い転移」）に焦点を当てないことにある。それはまた、治療の方向性を、治療者がクライントの表現する箱庭から推測し、操作するものではない。どこまでも、治療者・クライエントが、双方向に向き合うのでなく、自己自身に向き合う。そうした対自的行為が結果的に「深い転移」としての「対他的関係性」を成立させる根拠となる。イメージ的には、図２（55頁）のようになる。

5　新瞑想箱庭療法の治療機序

新しい瞑想箱庭療法では、治療者のクライエントに対する心理的操作のみならず、治療者がクライエントを「治そうとする努力」の一切は放棄されてゆく。そして、そのなかで、クライエントに自然治癒力が布置して、箱庭表現に中心化が見られるようになる。このようなプロセスの中で、クライエントの心理的安定と症状の軽減が図られていく。

それでは、そうした治癒過程は、どのような機序で成立するのであろうか。その際に重要な行為は、治療者の箱庭療法時における瞑想及び面接において一貫した瞑想的な態度である。

瞑想が何故に治癒の機転にとって重要になるのか。理由は先にも述べたように、瞑想という行為において、治療者の自我は、日常の意識と異なる層にシフトしているからである。日常の意識と異なる層とは、「無意識」層であり、それは「働き」として自我の変容を迫るものである。そしてその無意識に集合的無意識としてのセルフが存在する（セルフは「実体」ではなく「働き」である）。

「新しい瞑想箱庭療法」においては、治療者にセルフが布置し、そのことで、クライエントにもセルフが布置して治癒が行われる。このような治療機序は、織田の瞑想箱庭療法と同じような印象を受けるかもしれない。しかし、ここには明確な相違がある。織田の方法では、治療者の想像活動の重視とその際に治療者に布置する様々なイメージ等（これは無意識下のコンプレックスである）に注意、関心が向けられすぎている。それに対して、筆者の方法は、そうしたイメージに対する関心は払拭され、ひたすらセルフの布置に向かう方法である。そして治療者とクライエントのセルフが「場」を通して間接的に融合（広義の「母子一体」）していくプロセスの中で、治療が行われていく。この治療の機序は以下のように整理できよう。

〈1〉治療者の瞑想による意識の変容とクライエントにおけるセルフの布置

治療者はクライエントの箱庭制作中及びそれ以前において瞑想状態に入るが、瞑想状態を通して、その時の治療者の意識は自我を中心とする日常意識からの変容が促進される。それは治療者の意識が、昏《くら》い無意識の層に降りていくことでもある。昏い無意識の層とは、様々なコンプレックスの存在する場所でもあり、それらは箱庭制作の始まる前のクライエントとの面接を通して語られた内容から、箱庭制作中の瞑想時に治療者のこころに布置してくることもある。たとえば、クライエントとの話題を通して、治療者がこれまで触れることのなかった両親との過去の葛藤が、イメージとして想記されてくる場合もあるであろう。そうした

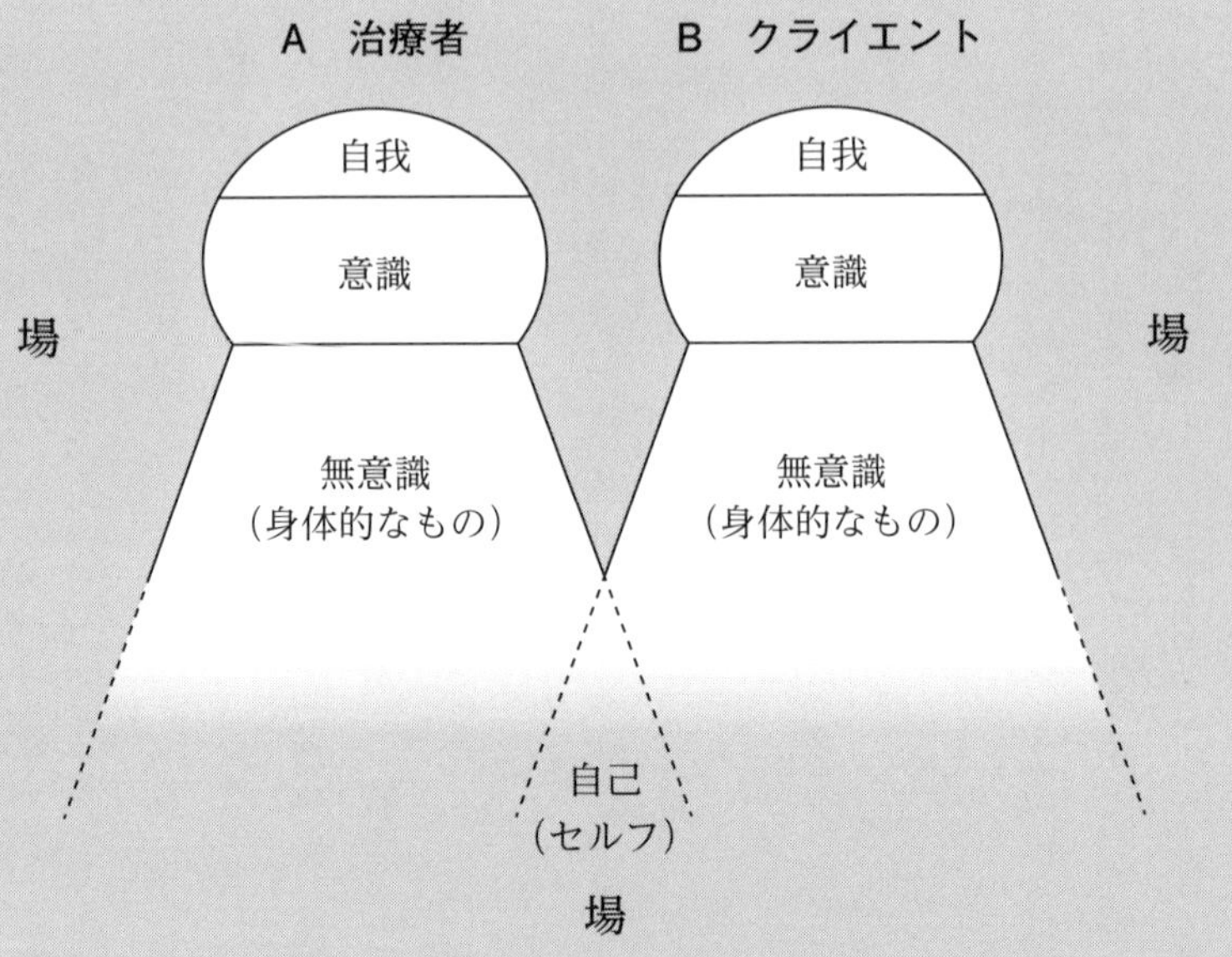

（注）ユングは晩年、空間に即して集合的無意識を考えるようになった。つまり、集合的無意識は、複数の個体の心の深層に広がっている共通の領域とも考えられるのである[10]。

図３　瞑想箱庭療法の構造[11]

時に、クライエントが身体症状、たとえば、激しい肩こり、偏頭痛を持っている場合、それが治療者に布置して、治療者自身も瞑想中に辛くなることがある（これが「サトル・ボディ体験」である）。

　このように無意識下からのイメージが自然発生して、身体感覚が起こってきても、あえて、それを意識で捉えずにそのままにしておく（そこに注意を向けない）ことが大切である。この際に、治療者が呼吸を整えることは重要である。そのことで、比較的意識の層に近い無意識のイメージは自然に流れていく。この瞑想行為が深まると、やがて治療者には睡眠に入っているような心地良い状態が訪れる。見た目には、治療者は眠っているようである。そして身体が場に溶けこんで、あたかも存在していないように軽い。

しかし、クライエントがアイテムをいじる音、砂に触れる音感等はしっかり聞こえている。そういう意味では、治療者は睡眠に入っているわけではない。治療者の自我は、意識と無意識との境界を体験しているとも言える。そうした体験は治療者に、面接の場に自分の心身が融合しているような、心身一如感、場所との一体感をもたらす。具体的には自分の存在を意識せず、あたかも観葉植物のように呼吸している透明な身体だけが存在しているような感覚である。にもかかわらず、治療者の意識が混乱し、自我が見失われることは全くない。治療者は、自身のこころと身体、そして場が一つにまとまったような実感を得ることができるだけである。筆者は以上の体験を通して、治療者は、日常的な自我意識を超えたセルフの布置を経験していくものと考えている（自我意識がセルフに開かれること）。ここでの体験は、すでに述べた、自然法爾に近い状態であり、自ら自我意識への執われを離れる瞑想行為が、同時に自ずからセルフが布置してくるプロセスになると考えている。

これまで述べたところを、目幸は、「〝無心〟とは創造的無意識の働きであり、それはまた、自然の働き、神仏の摂理、〝他の「力」〟に自分を全面的に託している状態である、と換言することもできよう[12]」と、端的に述べている。ここで述べたような治療者の瞑想体験を面接のたびに繰り返すことで、クライエントの置く箱庭にも変化が見られるようになる。たとえば、最初の段階では日常生活に近い物など、意識的に箱庭を制作していたのが、クライエント自身が想定外の作品が置かれるようになったりする。これは、クライエントの無意識が動き出した証である。無意識の世界を表現する段階として、エーリッヒ・ノイマンは植物的段階・動物的段階など彼の発達理論に即して説明しているが、ノイマンの説に依らなくても、湖、動植物などが多く見られるようになる（なお、ドラ・カルフはその後、クライエントの意識と無意識との葛藤を表す

「闘争の段階」が箱庭に表現されてくると言う）。

このような箱庭表現が段階的に現れることは、筆者の体験では、クライエントが成人の場合にはまれである。成人の場合には、日常意識生活の範囲が広く、経験も多いために、象徴的イメージが箱庭を通してプロセス的に表現されにくいからであろう。

にもかかわらず、子どもの場合でも成人の場合でも中心化が起こり、セルフの表現である曼荼羅的な作品が置かれることは事実である。これは、治療者にセルフが布置するとともにクライエントにも共時的にセルフが布置される故とも考えられる。この時、治療者のセルフとクライエントのセルフとは「場」を通して融合していると言えるであろう。その場とは、治療者とクライエントとのセルフが開かれる空間でもある。その時、クライエントは場に融合しているが故に、クライエントはその場を「自由で保護された場」、ドラ・カルフの言う「自由で保護された空間」として体験することが可能である。

以上は、カルフの言う広義の「母子一体の関係性」が成立したものと考えることもできるし、河合の言う「深い転移」が治療者との間で成立したものと考えられる。次に、セルフの布置と「場」との関係性について解説する。

〈2〉場の体験について

治療者・クライエントに布置する「場」の体験について説明するにあたっては、我が国の哲学者、西田幾多郎（一八七〇～一九四五）の論が参考になる。西田哲学は、現代においては、単に哲学（認識論、存在論）として語られるばかりではなく、「臨床の知」として、深層心理学的視点から論じられる場合もあり、[13][14]またそのような読み替えが可能とされている。それは、西田の哲学理論が、西田自身の参禅体験という身体的体験を通して、把握した身体・心理的な現象を土台にして成立しているためである。たとえば、西田の体験した身体的、心理的な体験は、ユング心理学で言われるセルフの布置に近いものとされている。さらに、西田において論究された「場所」の理論は、瞑想箱庭療法の治療機序を論じる上では欠かせない。

西田は、「有の場所」と「無の場所」という概念を用いて、自身の哲学を展開している。湯浅泰雄の説明では、「有の場所」とは、日常的な自我意識の経験世界を意味し、「無の場所」とは、自我意識を超えた深層の意識を意味するものとされる。[15]それでは「場所」とはいかなる意味を持つ概念であるのか。

〈3〉「場所」と「サトル・ボディ」

「場所」とは、一般的には空間に存在するすべてのものの存在を支える根拠を指示する言葉とされる。それは人間を含めたすべての存在者が客体、すなわち空間を占める「物」としての存在性格を持つためとされる。[16]

中村雄二郎は西田の言う「場所」を説明するにあたって、単に個物が存在する根拠となっている空間とせずに、自我意識が存在する根拠としての無意識とし、ユングの言う自我に対する集合的無意識としてのセルフを「無の場所」としている。ただし中村は「西田哲学で言われている場所それ自身はたしかにそのまま空間的な場所ではなく、〈において在る〉ところであり、究極的にはすべてを包む無の場所ということになるのですが、だからといって空間的な場所とまったく関係がないとは言えません[17]」と空間的場所も関係あると説明している。

臨床経験を通して、瞑想における「無の場所」の体験においては、「場所」としての面接空間は治療者とクライエントの身体が深く溶け込んでいる空間であり、それは単なる物理的空間と異なるものであると筆者は考える。そのような「場所」における身体のイメージは、まさに生理的身体ではなく、生理的存在と心理的存在との区別がつかない、まさにユングの言うこころのようなものである。

このような、心理的側面と生理的側面の区別のない身体こそが、サトル・ボディに他ならない。先に述べた瞑想中における透明の身体を体験しているような心身体験等がその内容である。なお、治療者・クライエントがともに、箱庭で表現された世界を、あたかも生きているもののように体験することも、サトル・ボディ体験とされる。ここでは、箱庭に表現された世界が、物であるとともに生命を持った存在、つまり、物と生命との中間的な存在として両者に体験されている。その理由は、治療者とクライエントとがともに面接空間に溶け込み、サトル・ボディを体験しているためと推測できる。これは「場所」の体験そのものである。

〈4〉「場所」の体験と「純粋経験」

これまで述べてきたような治療者・クライエントの体験とその体験の同時性（これを、ユング心理学では「布置」とよんだり「共時性」と言ったりする）は、箱庭療法におけるクライエントの治癒の機転の前提である。筆者の「新しい瞑想箱庭療法」においては、特に治療者やクライエントの身体的体験（サトル・ボディ体験も含まれる）が重視される。それでは、治療者・クライエントに布置が成立してくる時、両者の身体感覚はどのようなものであろうか。

ここで再び西田の論を用いて考察していこう。西田には「無の場所」という概念とともに、そこで成立する経験について「純粋経験」という概念を用いて説明している。

「経験するというのは事実其儘に知るの意である。全く自己の細工を棄てて、事実に従うて知るのである。純粋というのは、普通に経験といって居る者もその実は何らかの思想を交えて居るから、毫《ごう》も思慮分別を加えない、真に経験其儘の状態をいうのである。例えば、色を見、音を聞く刹那、未だこれが外物の作用であるとか、我がこれを感じて居るとかいうような考のないのみならず、この色、この音は何であるという判断すら加わらない前をいうのである。それで純粋経験は直接経験と同一である。自己の意識状態を直下に経験した時、未だ主もなく客もない、知識とその対象とが全く合一して居る。これが経験の最醇なる者である[18]」

ここでは、純粋経験について、「自己の意識状態を直下に経験する」「直接経験」といった、意味が分かりにくい表現で説明されているが、これは、意識が日常的な自我意識の水準から無意識の水準に降りていくこととして理解できる。すると、驚くべきことに、意識と外界との事物との間の対立関係（主観と客観との対立）は消滅して、外界の刺激は、判断が加わらない前の状態で、いきいきと五感に働きかけてくるのである。具体的には、面接場面における治療者やクライエントに、箱庭のアイテム、構成や砂、そして完成された箱庭作品、面接室の景物、窓の外の風景までもが、鮮やかに見えるようになることである。そして、治療者・クライエント双方の存在までもが、「ただそこに居る人」として、相互に侵入的な存在ではなくなるという事実である。筆者の例では、箱庭終了後の、クライエントの「なんだか、この場に居る先生の存在が陽炎のようです。全然気にならなくなりました」という言葉などにそれをうかがうことができる。以上の体験は先に述べたサトル・ボディ体験でもある。

そして、重要なことは、治療者が、箱庭作品を「純粋経験」として見る時、治療者の心身が強く動かされるような場合には、その時、箱庭には何らかの象徴が表現される場合が多くあるということである。たとえば、中心化が箱庭に表現される時など、治療者は、強く心身を動かされるような感動をよく体験する。また、先に述べたような、箱庭に入る前の面接で、治療者がクライエントの語るエピソードを聞きながら、双方呼吸が整い、周囲の景物がいきいきと見える時なども、そこにはクライエント・治療者双方の「純粋経験」的世界が成立し、すでに双方のセルフが動き出したことで、治療関係は良い方向に向かっていると考えられる。

〈5〉「純粋経験」と心身の「統一力」

西田は、我々に「純粋経験」が成立している時、そこにはある種の「統一力」が働いているとも述べている。この統一力とは、「我々の思惟意志の根柢における統一力[19]」であり、下記のように述べられている。

> 「即ち統一作用が働いて居る間は全体が現実であり純粋経験である。〔中略〕意識発展の形式は即ち広義において意志発展の形式であり、その統一的傾向とは意志の目的であるといわねばならぬ。純粋経験とは意志の要求と実現との間に少しの間隙もなく、その最も自由にして、活潑なる状態である[20]」

この統一力は、我々の意識が無意識的（意識の水準が下がることで）な世界に没入することによってかえって、意識というよりも心身の全体に働き、意識の様々な作用を統一に導くとされる。

それは、自我にとっては受動的であり、どこまでも「自然法爾」である。筆者はクライエントにおける箱庭表現の中心化も、このような「統一力」によって成立していくものであるという解釈をしている。たとえば、箱庭にセルフが表現されてくる過程は、身体的には治療者・クライエントの「純粋経験」が成立してくる過程であり、この「統一力」がクライエントに働きかけ、それが箱庭における心的エネルギーを中心に向かわせる力動になるのではないか。たとえば、あるクライエントの箱庭に中心化が現れた時、「何だかここと身体がまとまり、地球の中心に立てた感じです」などと感想を漏らすことからもそのことがうかがえる。

6　瞑想箱庭療法と外来森田療法との併用

最後に、瞑想箱庭療法と森田療法との併用について解説する。筆者は神経症圏のクライエントに対して箱庭療法から開始し、外来森田療法へと切り替える試みと、瞑想箱庭療法と外来森田療法を同時に併用する試みを実施してきた。

箱庭療法で神経症圏のクライエントの症状が一時的に軽減できても、これまで、病臥の状態が多く続いていたクライエントの場合には、現実の社会生活の場に復帰してから再発させるケースが多かった。よって、日常生活に復帰した後の何らかの社会訓練援助が必要とされる。その社会訓練的援助の一つが生活療法である。生活療法は心理療法の一種であるが、日常生活を通して、心理的、生活的訓練を指導する療法でもある。筆者の場合、そこで選択した生活療法が森田療法であった。何故に「森田療法」を選択したかについては、筆者なりの理由が存在する。ご理解いただきたいのは、背景となる文化も理論も異なる二つの心理療法を無思慮に併用しているのでないということである。

〈1〉森田療法について

森田療法は森田正馬（一八七四〜一九三八）によって創始された精神療法（心理療法）である。

森田療法の施行方法には、入院森田療法と外来森田療法とがある。入院森田療法では、患者に約一週間の臥褥を実践させる。これは患者の精神状態をもって診断上の補助をすると同時に、患者の心身の疲労を調整し症状に直面させることで、精神的煩悶の根本的破壊（森田は「煩悩即菩提」という仏教語で説明している）を体得させるためである、その後、軽作業期に入り、さらに重作業療法の時期に移行することで、行動中心（思考・感情による執われから離れて、身体的行為を重視する）の生活スタイルを身につけさせ、不安等の症状改善を目標とする。

一方、外来森田療法は、後述するように、日記指導を中心としたより簡便な治療法である。この簡便な方法が近年普及している。

森田療法の理論の背後には、東洋的自然観、人間観が存在しているとされる。その人間観、自然観が森田の考え方にどのように反映しているのかについて述べてみる。

森田は、神経症の症状の原因を、その人の生まれながらの素質（ヒポコンドリー性基調）とともに、それに由来する神経質な傾向にあるとする。それが森田の概念では「思想の矛盾」と「精神交互作用」である。「思想の矛盾」とは「かくあるべき理想」と「そうはならない心身の現実」との葛藤に悩むことであるが、抽象的な思考により、現実を観念的に認識する近代的な自我意識の宿命でもあり、誰しもがそれを疑うこともなく日々生活している。以上の「思想の矛盾」を、森田は次のように説明する。

「思想の矛盾とは、こうありたい、こうあらねばならないと思想することと、事実、すなわちその矛想に対する結果とが反対になり、矛盾することに対して、私が仮に名づけたものである。

そもそも思想というものは、事実の記述、説明もしくは推理であり、観念は事実の名目もしくは符牒にほかならない。また、たとえば鏡に映る影のようなものである。この映像が観念、もしくは思想である。すなわち観念ないし思想は、つねにそのままただちに実体もしくは事実ではない[21]」

そして、以上の苦悩から「不安感」等の様々な否定的感情を伴うが、今度はその「否定的な感情」を思考や意思によって「コントロール」しようとする。そして、「コントロールしよう」とすればするほど逆に、精神症状が強化される。この交互作用を「精神交互作用」といい、心理学用語ではなく日常生活用語では「執われる」という。以上を森田は神経症発症の精神病理仮説としている。

そこで、治療としては、日常生活において「思想の矛盾」や「精神交互作用」を打破できるように訓練する（森田療法では日常の生活行為を通しての「思想の矛盾」や「精神交互作用」打破を体得できることを重視する）。そこでは、抽象的な思考や感情を働かせる（ともに価値観を伴う心的機能であるが故に、「執われる」という精神交互作用を触発させやすい）生活よりも、身体感覚（五感の働き）や直観機能が重視される態度が指示される。具体的には「不安」等の症状のまま五感を外界に開いて行動していけば、やがて自然治癒力が働き、「精神交互作用」や「思想の矛盾」が打破される事実を体得（直観的に知ることであるが、森田はこれを「自覚」という仏教用語で説明している）できるとする。治療者はその際に、クライエントの「思想の矛盾」や「精神交互作用」を指摘し、症状に注意や関心を向けないように、目前の身体的行動を促す。

〈2〉森田療法と瞑想箱庭療法

自然治癒力を賦活させるための「精神交互作用」や「思想の矛盾」の打破は、日常生活の中で「意識を無意識化」（症状に意識を向けない。意図的で意識的であることをやめるという意味で「無心」になることである）することで成立するとされるが、それは、瞑想箱庭療法における、意識が無意識の水準に降り、セルフが布置して「純粋経験」が成立する体験に近い（ただし、これは瞑想箱庭療法が依拠する心理力動的文脈からの理解であり、「無意識」の存在に言及しない森田学派からは別の意見、反論が出ることは当然である）。また、日常生活における身体感覚を重視する方向も、瞑想箱庭療法と通じる。このような状態を、森田療法では「あるがまま」（自然法爾に近い概念）と名付けている。ただし、森田療法ではそれを日常生活における行動の中で実践していくところに特徴があり、これが「行動本位」「事実本位」の生活態度と言われるものである。

以上述べたところからも「瞑想箱庭療法」と森田療法との関係性が示唆されるであろう。すなわち「瞑想箱庭療法」はその治療理論や方法からも、森田療法とそれらと重なるものとして理解できるからである。さらに森田療法の治療論の背後には、以下のような「人間観」「自然観」が存在している。[22]

「そもそもわれわれの身体および精神の活動は、自然の現象である。人為によってこれを左右することはできない。それなのに人々は常識のように、みなそれを自分の思うままに自由に支配することができるものと信じている。とくに精神的なことについてはそのとおりである。〔中略〕けれど実際にわれわれの思い通りになるのは、身体的にはわずかに随意運動の目的に対する末梢のみであって、われわれの意識はたんにその行為の目的物のみにあって、それを成功させるのに要する手段については意識しない」

「われわれの外界刺激に対する感覚、気分、反応等はもちろん、忘却、突然の思いつき、夢などのようなものは、みな必ず因果の法則に支配された自然の現象である」

以上の文章から、森田が心身を一つの存在として捉える見方をしていることとともに、精神現象を、個人の意思や思考では制御不可能なものと考えていることが理解される。このように自身の精神活動を自我によっては制御不可能な存在として捉える見方は、先に述べたような「内的自然」の存在を認める見方であり、東洋（東アジア）の自然観そのものである。そしてその内的自然に自然治癒力も存在する。森田はそれを「自然良能」とよんだ。

このような森田療法の「自然観」「人間観」「治療理論」は、人間を自然の一部として考え、人間の精神現象も身体的現象も自我によってコントロールできる範囲は一部であり、かえって自我に依るコントロールを放棄したことで、自然治癒力が賦活するとする考え方や、人間の精神と身体を一つのもと捉える考え方である。その治療原理は、コントロールできない精神の現象をコントロールする「思想の矛盾」「精神交互作用」を打破することであるが、それらについては、すでに説明した通りである。

以上は、クライエントが、自身の自然治癒力が賦活していく中で「おのずから治っていく」という思想であり、治療者にできることは、クライエントが心身の状態を整えられる状態への示唆を与えるだけである。このような思想は、心理療法のモデルとしては、先の「自然モデル」「他力モデル」であり、瞑想箱庭療法と通底するものである。

筆者が瞑想箱庭療法から外来森田療法へと切り替え併用する根拠は、この心理療法のモデルの同一性にもある。クライエントが日記を用いた外来森田療法（図４（70頁）参照）を実施することで、ユングの言う心的機能である思考、感情を優先させた日常生活に偏らず、感覚や直観を機能させるようになるからである。これは日常生活における「執われ」を離れることに自然に結びつき、瞑想状態に近い「無心」で行動する体験につながる。

日時：　　　　　　　　　　　　天候：

起床：

午前の行動（主に行動できた事の記録）：

午後の行動（同じく）：

本日の感想（印象に残った出来事などを通して）：

就寝：

注：日記の内容（特に感想は、クライエントの症状が好転すればするほど、事実中心の感覚的、直観的体験が多く記述され、治療者の側も、日記の記述を通して、その内容をイメージしやすくなる。

図４　森田療法日記の書き方

なお、ユングの言う心的機能とは、次のような内容である（図5（71頁）参照）。ユングはその著『心理学類型（タイプ論）』で人間の性格は、「内向」「外向」という態度類型の外に、「思考」「感情」「感覚」「直観」という心的機能が存在すると言う。そして、「思考」と「感情」は対立していても「価値観」を伴う故に「合理機能」と呼び、「感覚」と「直観」は価値観を伴わない故に「不合理機能」と呼ぶ。四つの心的機能は同時に働くが、価値観を伴う「思考・感情」の軸が日常生活では多く用いられる。そして「感覚」や「直観」は補助的な機能として用いられることが多い。これは、「思考・感情」に執われやすい生活をしていることでもある。そこで「思考・感情」の機能を中心とした生活から、「感覚・直観」機能を充分に使える生活を実践で

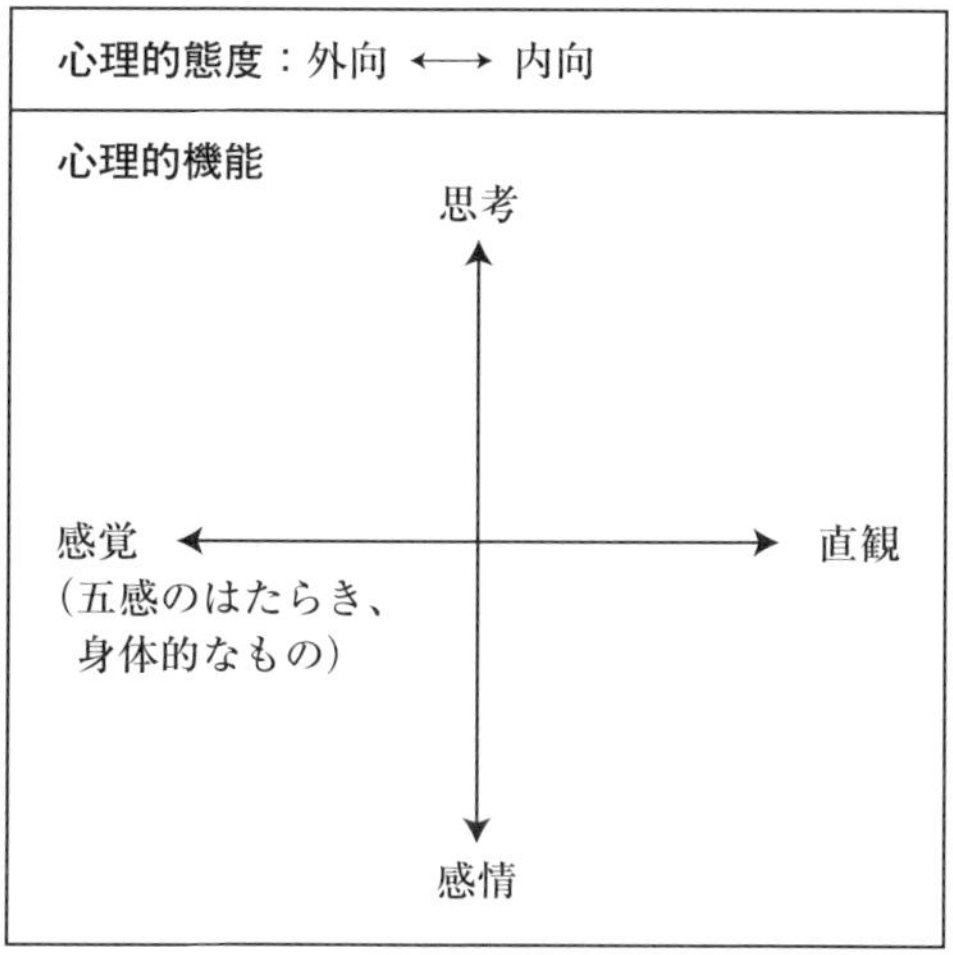

図5 ユングのタイプ論[23]

きるようになることが、ここでの外来森田療法の目的である。

さらに筆者は最近では同時併用も行っている。同時併用（病臥に至らないクライエントに適応されることが多い）する根拠は、瞑想箱庭療法での「執われ」を離れる体験と外来森田療法での体験が奏功することを期待するためである。

また、外来森田療法では、入院せずに日常生活を続けながら、日記等を通して、自らの生活を振り返ることができるとともに、日記を媒介にした「対自的関係性」の構造が取られる故に、瞑想箱庭療法から切り替えてもクライエントは動揺しない。ともに「対自的関係性」を重視することからも、二つの療法を一つのものとして併用することの根拠がある。

7 「他力モデル」における治療者とクライエントの「自覚」体験

ここでは、本章で述べてきたことを前提に、「他力モデル」を、面接場面における治療者の認識の在り方の特色から言及する。これは一般の心理療法における治療者の認識では、特異なものと推測される。「他力モデル」における治療者の認識とはいかなるものであるか。筆者はそれを、治療者の「自覚体験」

であると考える。この自覚体験は面接過程の中で、クライエントにも同時に訪れるものである。「自覚」と呼ばれる認識の方法は西田や森田によって言及されてきたが、伝統的には大乗仏教の思想にまで源流をさかのぼることができる。それでは、最初に西田の言うところの「自覚」とは何か。西田は前述した、主観と客観が一致する「純粋経験」において、先に述べた実在を統一する力が働いていると考えた。

「自覚に於て、第一の自己と、之を反省する第二の自己と同一であるといふのは、心理学者が考へるやうに、この二つのものを両ながら思惟の対象として見て、この二つのものが同一であるといふのではない。考へられる自己が、直に考へる自己其者に同一であるといふのである、自己の超越的同一を意識するのである。二つの意識の根柢に横たはれる統一的意識の表現である、内面的当為 Sollen の意識である」[24]

そして、そこでの認識は、直観と反省が統合された知の働きであると考えることができる。これは主観と客観が融合していても（具体的には、治療者とクライエントと面接場所とが一つになっていても）、知の働き（認識能力）がなくならないことを意味している。それ故に、心理療法場面における治療者は「関与しながらの観察」に執われる必要がない。たとえば、筆者の臨床経験において、瞑想的な状態のままでいて、クライエントの内面をあえて分析し、解釈しなくても、直観的に適切な反応ができ、面接の場面の印象は後から思い出されてくる。そのようにして心理療法が継続していく。以上の体験は、「自然法爾」であり自我に執着しないが故に「絶対他力的」である。このような体験が「自覚」的体験に他ならない。

なお、すでに説明したように、西田は「無の場所」という概念を提起している。そして、「無の場所」において、自覚が成立するとした。先の湯浅による説明によると、「無の場所」に至るには、自我意識でもある日常的な自我の在り方を非本来的なものとして否定し、「意識が意識の底に没入しなければならない」と述べている。「意識の底」とは深層意識のことであり、そこには、意識の表面において分化発展している思考・意思・感情・知覚等、すべての作用を根底から統一している能力があり、西田の言う「我々の思惟意志の根柢における統一力」とはこのことである。前述の西田の文章の「二つの意識の根柢に横たはれる統一的意識の表現」がこれに該当する。

瞑想箱庭療法における、治療者の瞑想場面においては、瞑想中に自我の水準が下がり、意識と無意識の境界まで自我が退行していく時に、かえって日常での意識的状態よりも心は自由に活動できる。これは「創造的無意識」を体験した状態である(25)。たとえば、自然発生してくる様々な想念、イメージは、鏡に映し出されるがごとく流れていく。そして、自然発生してくるイメージが、クライエントの置く箱庭のイメージに布置する場合もある。また、治療者が、あたかも催眠のような状態に陥っても、睡眠に至ることはなく、その場に五感は開かれている。この時に治療者の心身の状態は身体的で行為的な体験が成立しているが、これは、自然法爾（絶対他力）としてそうあるにすぎない。そして、クライエントの箱庭表現も治療者の瞑想の深まりともに、様々な否定的な感情からの執われから解放されて、自由度の高い作品になることは既に説明した通りである。以上述べた瞑想箱庭療法での体験も、西田の言う「無の場所」における自覚的な体験と重なることが可能であろう。

次に、森田は既述した西田において哲学的、思弁的に言及された「自覚」の内容を、具体的、臨床的に論じている。森田は「自覚」の体験を「悟り」として次のように説明する(26)。

「私が思うには、いわゆる『悟り』とはこの迷誤を打破し、外界と自我、客観と主観、感情と智識とが相一致し、事実そのものになり、言説を離れて両者の別を自覚しないところにあるのではないか」

「悟りというのは、主観的、体得的に、自ら諸行無常そのものとなりおおせた境涯である。理論的に知ることではない。理解と体得とは、悟ったあとにはまったく両者相一致するものであるが、思想の矛盾にとらわれ、迷いの内にあるときには、その隔たりは限りなく大きくなるものである」

森田がここで述べている「悟り」とは、主観と客観との区別のない認識の事実であり、「思想の矛盾」が打破された時に訪れるものである。西田の言う「純粋経験」に近い認識であるが、「主観的」「体得的」に体験しなければその境遇に至りえず、理解によっては説明できないとする。

森田は以上を、医師の立場から、「思想の矛盾」に苦しむ神経症の患者の回復の条件を述べ、論じている。ただし当然のことであるが、治療者が「思想の矛盾」から解放されて、純粋経験を体得・体験できていなければ、患者に助言できるはずがなく、治療者が理論の説明に留まることは、新たに「思想の矛盾」を作りだす原因になることは言を俟たない。そこで、森田は体得と理解との違いについて次のように説明している。

「体得とは、自ら実行、体験して、その上で得た自覚であって、理解とは、推理によってこうあるべき、こうでなくてはならないと判断する抽象的な知識である[27]」

「思念せずして、我が頭の存在を確認せるもの、之れ體徳なり。
此時に初めて、飛び来る石をも、咄嗟に避け得べし。之を悟りともいひ得べけん。
鏡に映して、我顔の位置・形状を知る。之れ思想なり。
此時には、髭剃る手さへも、アベコベになりて、思ふやうになるまじ。之を迷妄とやいはん[28]」

また、森田が用いている「主観的」という言葉にも独自の意味がある。

「そもそも主観もしくは体得というのは、感覚、気分であれ、反応、行動であれ、その物、その事柄自体のことである。批判を離れた直観、もしくは自覚そのままのものである」(29)

ここで「自覚」と「直観」が同じ意味に使われているのを知ることができる。そして以上のような「悟り」「主観」「直観」「自覚」は同じような意味で用いられ、それを患者が「体得」していくことが森田療法の目的とも考えられる。そのために、先に説明したように、患者を一定の期間入院させる「入院森田療法」を主に実践した。そこでは、入院期間中に「絶対臥褥期」という寝起きが制限された期間を、患者は送らなければならないとされ、この期間に、「煩悩即菩提」という悟りを体験するのは先に説明した通りである。森田には深層心理学的な言説はほとんどないが、筆者は、患者がこの間に意識の水準が下がり、無意識の世界が明らかになり、セルフの体験をしていると推測する。

なお、筆者の「瞑想箱庭療法」では、箱庭という遊びと、治療者、治療空間（場）が、クライエントをして、森田の言う「悟り」に近い体験をさせるものと考える。そして、現実への復帰とともに、先に説明した「外来森田療法」で、感覚や直観を現実の自然界に開き、「思考」（森田の言う「理解」）や感情の持つ価値判断の偏りから離れる訓練がなされると考える。そして、現実生活において、行為を通してあたかも「瞑想」に近い体験がなされ治癒が成立していく。そういう意味でも「瞑想箱庭療法」は、「外来森田療法」へと統合される療法でもある。

第4章

「新瞑想箱庭療法」の訓練法

本章では、瞑想箱庭療法の具体的な訓練方法について、初心者にも分かりやすい形で取り上げる。（なお、「瞑想箱庭療法」に馴染みがない読者もいると思われるため、ここでは、療法の名称を「新瞑想箱庭療法」ではなく、「瞑想箱庭療法」として、話を進める）。

ここで取り上げる方法は、筆者の臨床経験から考えだされたものであるため、これらを普遍化、マニュアル化するというよりも、これを参考にしながら、治療者（セラピスト）各々の方法で取り組んでいただければと思う。

1 瞑想の訓練法

瞑想箱庭療法の治療者になるための訓練において最も重要な行為は、瞑想である。瞑想の訓練では、呼吸法の訓練は欠かすことができない。呼吸が深まり、整うことと、瞑想状態に入ることは生理的、心理的にも一つの事柄である。ここで、瞑想の訓練について説明する。

〈1〉呼吸法と瞑想について

瞑想が可能な心身の状態に入るためには、呼吸が整わなければならない。瞑想状態は呼吸の深まりとともに成立する。そこで、呼吸法とそれに直結した瞑想法について述べていく。

①一人で行う練習

A　筆者の実践する呼吸法は、腹式呼吸ではなく、全く日常の呼吸に近いものである。たとえば、椅子に座り、「瞼をかるく閉じ（半眼の状態で）、肩の力を抜いて、ゆっくりと息を吸い、そして吐き出す」。意識（注意や関心）はそれとなく、呼吸に向けていく。「それとなく」とは、あまり意識的にならないという意味である。宗教的な瞑想における調息に近いものであるが、宗教的修行のように、三昧と悟りに至るという明確な目標は存在しない。明確な目標を持って行うとかえって、深い瞑想に入っていけない。また、瞑想自体が目的化されてしまう。こうした行為は比較的静寂な環境で行われるに越したことはないが、それに執われることも問題であろう。むしろ、多少の人の声、騒音がしていても、それさえ忘れられることが訓練の要である。

B　次に、目を軽く閉じた段階ですでに、様々な想念、心配事、過去の出来事等が自然に想起され、そうした思いの世界に執われる。限りなく思いが広がり、「嫌な思いで頭の中がいっぱいになる」という人もいる。さらに、実際の面接場面ではクライエントのエピソードを傾聴することで、過去の傷つきを思い出し、そのことでかえって自身が深く傷つくような場合すらある（これも逆転移に執われてしまうことである）。このような時には、自分の心に浮かぶ想念に特別な注意や関心を向けないことである。それは、想念を否定することでも肯定することでもなく「そのまま」にしてゆっくりと呼吸することだけを大切にしていくことである。

②日常生活の中での練習

C　A、Bの瞑想は「我を忘れ、物事を考えない（主観の世界に入らない）」訓練であるが、毎日の生活の中で、ほんのわずかな時間で行うことも可能である。この我を忘れ物事を考えないことを日常生活の中で実践するには、どうしたらよいか。たとえば、呼吸を整えてぼんやりと周囲の風景のある一点をじっと眺めて時間を過ごす。このような行為を繰り返すと、「思考する問い」から自然に離れられ、ただ「風景がそこに疑いなく実在している」という実在感だけが残ってくる。この時、すでに瞑想状態にあるといってよいであろう。

たとえば、筆者の場合には日々の生活のほとんどが「瞑想箱庭療法」の実践に向けられ、「『瞑想』を中心にした生活」が実践されているが、そうしたなかでも、休憩の時間や、自宅の心理相談室の業務が終わった後などは、一人、忽然と椅子に座り、ゆっくりと息を吸い吐き出す。そして、漠然と窓の外の楡の大木を眺めたり、夜間の場合には、居間のテーブルの滲みをじっと眺めていたりする。すると、最初はそれらをじっと凝視しようとするが、やがて「ただそこに存在するだけ」になり、呼吸の深まりとともに、自分もそれらの景物の一部になってしまったような良い気持ちになる。これは、「場」に包まれている暖かい感じでもある。その後、我に返り、再び、大木や目の前の机、部屋の周囲を眺める。すると、目に映る景物が実に柔らかく鮮やかに視覚に入ってくる。自宅の楡の木の場合には、葉の一枚一枚がキラキラと輝いて見えたりする。

なお、以上のような瞑想法を取り上げた文献には『荘子』(内篇・齊物論篇)があり、筆者が行っているものに近い瞑想が記されている。これは「坐忘」と呼ばれている。たとえば、そこには、荘子と弟子との間に次のようなやりとりがある。(1)

「南郭子綦《なんかくしき》(おそらく荘子本人)は机にもたれて坐り、天を仰いで深く息をついた。その虚ろなさまはまるでわが肉体さえも失ったかのようだった。顔成子游《がんせいしゆう》(偃《えん》)は立って前にひかえていたが、たずねていった。「いかがなさいました。身体を枯れ木同然にしたり、心を冷たい灰みたいにすることが、本当にできるのでしょうか。いま机にもたれておられるお姿は、以前の同じお姿とはまるで別人のようでした」。子綦は答えた。「偃よ、いいねえ、いまの質問は。いま私は自分自身を忘れていたが、おまえにそれが分かったのかね。〔後略〕」」

ここで注目して欲しい部分は「机にもたれて坐り、天を仰いで深く息をついた。その虚ろなさまはまるでわが肉体さえも失ったかのようだった。〔中略〕いま私は自分自身を忘れていたが、おまえにそれが分かったのかね」という箇所であり、これが、こころを虚ろにして、自分自身を忘れるという瞑想的態度及び行為に通じる。

大学院生や心理士(師)で多忙な日常生活を送られている人々には、これまで取り上げた訓練法を非日常的で、非現実的であると理解される方もおられるかもしれない。

しかし、筆者の方法を取り入れてくださっている、大学院生や心理士、医師等の感想からはさほどの困難さは感じられない(第6章参照)。

要は、日々の生活の中で何も考えない「呆然」として時間を持つ余裕を作るように生活環境を整えるだけである。

〈2〉集団で行う呼吸法と瞑想の練習

次に、瞑想を集団で行う練習をしてみよう。瞑想は本来一人で行うものであるが、一〇名以下の小集団で行うことで、かえって「その場」（集団で瞑想している場）が安心できる場に変化することがある。心理療法は、現実では集団療法以外は個人で行われることが多いが、個人であれ集団であれ、「自由で保護された場所を成立させるためには、瞑想が意味を持つことを体得する上での訓練になると考える（ここでは、筆者が真宗会館の「ユング心理学講座」で約一〇年間にわたって実習してきた方法を述べる）。

1. まず六名から一〇名が円陣を作り椅子に座る。そして、最初に、訓練が行われる「場」を参加者全員の五感で確認する。五感で確認するとは「その場で見えるもの」「聞こえる音」「匂い」など「場」の雰囲気の全体を確認することである。次に、参加者全員が、肩の力を抜き、両手を膝に置き、軽く目を閉じる。そして一斉に「ゆっくりと息を吸い込み、ゆっくりと吐き出す」ことを四〜五回繰り返す。その後は各自に任せる。

その時「心に浮かぶ想念を追いかけず、そのままにしておくようにする」。こうした瞑想を始めると、必ず「いろいろな心配事が心に浮かび集中できません」とか「眠くなってしまいます」といった感想が語られる。そういう時には「雑念が浮かんできても、そのままにしておくようにする」ことを助言する。そして呼吸に集中するように促す。以上を一〇分ぐらい続けるだけでよい。

図6　瞑想の練習イメージ

2. 約一〇分後に参加者はゆっくり目を開ける。こうした訓練の後、各自の体験をシェアリングしていけばよいであろう。たとえば、感想でよく聞かれる言葉には、先のように「いろいろな雑念が浮かんできて集中できません」とか「眠くなってしまいます」といった感想がある。そういう時は、リーダーは前述したように「雑念が浮かんできてもそのままにして、呼吸に注意を向けてみましょう」「眠くなるほどこの場が信頼できるようになったのでしょう」などと助言すればよい。また、参加者の各自が呼吸の深まりや身体感覚について報告し合うことが重要である。たとえば、参加者各自の「呼吸が深くなった」という感想や「身体が軽くなった」という経験が語られれば語られるほどよい。そうして、参加者の「場」との一体感、融合感が強まれば強まるほど、五感の体験は鋭敏になってくる。「場」との一体感とは、「他のメンバーの存在を気にせず、自分があたかも空気のような存在に感じられる」ことである。以上の体験ができているメンバーはすでに瞑想状態にあるといってよいであろう。これは前章で述べた「純粋経験」に近い体験である。

2　集団で行う瞑想箱庭療法の訓練法

「瞑想箱庭療法」の訓練を集団で行う意味は、箱庭療法における「自由で保護された場（空間）」を参加者各自が体験できることにある。また、箱庭制作者の置く箱庭のイメージと、他のメンバーが瞑想中に自然に想起されるイメージとの共通性から、「布置」を体験することも可能になる。そして最大の意義は、グループ間の力動によって箱庭表現が変化することの体験が可能になることである。

1．最初に「瞑想箱庭療法」の訓練を始めるにあたって、先の呼吸法、瞑想法の訓練の時のように円陣を作る。そして中央に砂箱とアイテムを置き、メンバー各自が順番に箱庭を置く。その際に周囲のメンバーは制作者が箱庭を置く場面を観察する。そして、箱庭制作終了とともに、観察者の各自が箱庭表現から連想するイメージや印象など「自分が思ったこと」を自由に発表する。最後に、箱庭制作者が「これまで語られた感想を通して今自ら感じたこと」や自分の置いた箱庭についての説明等を加える。この時に、箱庭制作後の五感の感じ、「周囲から観察され、自分の制作した箱庭について批評されたこと」への感想等も語る。

2．次に、メンバー全体が後ろ向きになり、先に説明した瞑想の訓練を行う。そして、各自がある程度瞑想に入れる体勢ができ上がった段階で、メンバー一人に箱庭制作をしてもらう。他のメンバーはその時に後ろ向きで瞑想しながら、先の要領で、心に浮かんだものをあえて追いかけないようにする。その際、払い切れないような突然のイメージが自然発生してくる場合がある。その時には、そのイメージは記憶に残ってよい。

3．箱庭制作が終了したら、その時点で他の参加者も瞑想を終了し、ゆっくりと目を開けて、姿勢を正面に向ける。

4．箱庭制作者は，箱庭を置いた時の印象について，「周囲から観察されていた時と今回との違いはどうか」「箱庭終了後の周囲の見え方の違い，呼吸の深まり」等はどうであったかなどを報告する。そして最後に，箱庭表現の内容について説明する必要があれば説明してもらう。その際，箱庭制作者は次のように答える場合が多い。

「箱庭を置きましたが，最初の，周囲の人たちに観察されていた時とは異なり，リラックスして置けました。それから周りの人たちが気持ち良く瞑想されていると，こちらの呼吸も深まり，いろいろと余計なことを考えないで置けました。箱庭やその周辺が鮮やかに見えます」

以上の感想からは，瞑想箱庭療法の非侵襲性を経験できたことと，他のメンバーの瞑想状態を通して，箱庭制作者の自我の水準も下がり，瞑想状態に近づいたことを体験できればよい。なお，参加者の瞑想中に，突然心に浮かんでくるイメージと箱庭制作者の置く箱庭との間に共通性が見られれば，「布置」の体験が成立していると推測されるので，その体験をシェアリングすることも重要である。実際に，箱庭制作者も参加者も何らかの布置の体験をすることが多い。

5．次に，周囲のメンバー各自に「瞑想していた時の身体感覚」，たとえば，呼吸の深まり方，瞑想中の心理状態，特に自然発生してきたどうしても気になるイメージ等に注意を向けるように促す。

これらに対しては次のように答える参加者が多い。

「とても気持ちが良かったですが，どうしても明日の職場の仕事のことが頭から離れませんでした」

「箱庭を制作しておられる方の砂の音ばかりが気になってしまい、一体どんな箱庭が置かれているのかなどと考えてしまいました」

以上のような経験は、雑念に執われているということもあり、初心者の場合には多いようである。しかし、何回か参加することで、少しずつ雑念から解放されて瞑想に入っていけるようになる。

一方で、最初から「とても気持ちが良かったです。自分がどこにいるのかも分からないくらいでした。この場の雰囲気や身体までもが暖かくなってきました。それから、

図７　瞑想箱庭療法の訓練イメージ

不思議なことですが、この箱庭のようなイメージがわき上がることがありました」等と答える参加者が必ずいる。逆に、参加者のほとんどが、雑念に執われ、瞑想に入れないような時には、当然箱庭制作者の心理状態も安定せずに、箱庭制作に集中できないこともある。

ともあれ、ここで述べたように、メンバーを交代しながら箱庭制作を体験していけばよいであろう。大切なことはメンバーの瞑想の深さによって、箱庭制作者の心理・生理状態、たとえば呼吸の深まり、心理的安定感、箱庭への集中度等が変化する、というその場の力動を体験することである。そして、最終的にグループ体験の「場」が「自由で保護された場」に変化するに従い、箱庭制作担当者の置く箱庭に「中心化」が現れるようになる。

3　二人で行う瞑想箱庭療法の訓練法

最後に「瞑想箱庭療法」の訓練では最も基本となる、治療者役とクライエント役の二人で行う訓練について説明する。何故に基本になるのかと言うと、ここでの人間関係は、広義の教育分析的人間関係に近いからである。それ故に、治療者役には、この方法についてある程度経験がある臨床心理士ないしは精神科医が行うのが妥当である。

まず、瞑想箱庭療法をすでに体験している心理、精神医学関係者は、日々の生活においても先に説明した呼吸法や瞑想を実践しているということが前提になる。それ故に、治療者役はクライエント役に対して、日々の生活の中で「呼吸法と瞑想」がどのように実行されているのか助言する必要がある。さらに、日々の生活の中で、五感を外界の自然に開く機会を持つ必要性等も伝える。そのためには外来森田療法日記をつけてもらうことも一案である。五感を外界に開いたり、直観を磨くことが、何故に「瞑想箱庭療法」の訓練になるのかはすでに前章で説明した通りである。「執われ」を離れるために外界に五感を開き、「思想の矛盾」や「精神交互作用」から自由になり、直観を大切にする生活は、「瞑想」に入りやすくする日常生活の態度となるからである。

〈1〉布置の訓練

最初に、クライエント役、治療者役の双方が48頁の図1のような向きで座る。四五度に近い形態である。その際に両者の視界に収まる場所に花瓶等の景物をおく。そして、治療者役は半眼状態で、クライエントからの話題を聞く。クライエント役は、実際に現在抱えている問題等を語ることが大切であり、一般のロールプレイングのように、ある役柄を演じる形ではない。そして、治療者役は、クライエントの話を聞きながら、心に浮かぶイメージ、想念をそのままにしておく。クライエント役が自由に自分の内面を吐露できるようになり、治療者役の瞑想が深まるにつれ、両者の視界に入る花瓶の中の花の見え方が、鮮やかに見えるようになる。治療者役が「その時の体験」をクライエント役に尋ね、双方で体験を共有化することも意味がある。両者が、面接場面に馴染み、ともに純粋経験に近い体験に入った証である。

また、治療者役の瞑想中のイメージが鮮明な場合、そのことについて取り上げ、布置の成立を確認してよいであろう。ただし、実際の心理療法面接場面では、そのような介入は極力少ない方が、侵襲的にはならないであろう。たとえば、筆者の場合、次のような経験がある。

ある不登校の女子中学生が母親とともに来所してきた。心療内科での診断は「起立性調節障害」ということで、実際に、登校するために朝起床すると、身体がふらついて動けなくなるとのことであった。それからクライエントと私との間の面接が始まったが、彼女はマスクをつけ全く言葉を発しなかった。

そうした面接が二回連続で続いた。あたかも沈黙の修行を続けているようであった。筆者もその沈黙に耐え、瞑想を続けたが、三回目の面接の時に、瞑想中突然、鮮明なイメージが浮かんできた。それは、学校の行事（入学式、卒業式、体育祭、学期始め等）の非日常性が地獄のように辛かった筆者自身の思い出と、当時の行事のイメージであった。当時の筆者は不登校にこそならなかったが、こうした、儀式（日常生活では結婚式や葬式）で日々の生活が成り立っていることを知り、社会や人生に対しても不安と嫌悪感でいっぱいであった。以上のような、瞑想中の想念とイメージがあまりにも強かったために「学校でつまらない行事に参加することは苦痛の限りだね」と、初めて治療者から言葉を投げかけた。すると、クライエントの両眼から大量の涙が溢れてきた。同時に、首を縦に振り頷いた。クライエントの治療者に対する初めてのリアクションであった。さらには、涙の後は、両眼は穏やかに微笑んでいた。この回を境に、その後は、クライエントは面接場面で、比較的自由に語れるようになっていった。

同時に箱庭療法も成立するようになった。この回での両者の体験は、治療者とクライエントとの間に、「布置」が成立したようであった。それは、ここでの治療者の言葉がクライエントの無意識（セルフ）に届き、クライエントを「自覚」の体験に導いたと推測できるためである。それ故に、この体験を通して、治療者とクライエントが必要以上の「対他的関係性」に陥ることはなかった。むしろ、箱庭でのクライエントの自己体験は深まり、当然、治療者の瞑想も深まり、「対自的関係性」は強化された。ここで大切なことは布置が成立するタイミングをつかむことであり、治療者とクライエントの間の親密性を確立することではない。

以上の例などを参考にして、「布置」の訓練が実践されればよいであろう。

ただし、前述したように、瞑想中に突如治療者に浮かんでくるイメージを言語化することは、常に二律背反性を伴うことにも心を開く必要がある。そのことで、クライエントが初めて、言葉にできない自分の苦しみを理解されたという思いと、心に突然侵入されたという思いの両面を持つ場合もあるためである。にもかかわらず、こうした介入は、両者にとって、必然で、せざるを得ないタイミングがきてそうなったということもある。両者にとって必然の場合には、人為的に治療者とクライエントとの関係が支配―被支配関係に陥ることはないであろう。

実際の訓練の場においては、このようなイメージを伝え合ったり、その時の周囲の見え方、双方の呼吸の深まり具合など確認するとともに、そこでのクライエント役の感情も取り扱うことが大切である。

〈2〉瞑想箱庭療法のシュミレーション

これまで述べてきたような面接の流れの中で、クライエント役は、箱庭制作に入る。そして治療者役はそこから、約一メートル離れた場所に後ろ向きに座り瞑想に入る。瞑想中は、先に説明したように、治療者の心に発生するイメージや想念には極力執われないようにするが、それでも強力なイメージは瞑想の後も印象に残っているので、そのままにする。

そして、カウンセラー役の箱庭終了の合図とともに静かに、立ち上がり、箱庭に近づく。治療者役は次のような質問をする。

「今、ここでの『身体の体験』はどうですか」

身体の体験とは、リラックス度、呼吸の深まり等、箱庭終了後の体験である。同時に箱庭作品についても、可能であれば説明を聞く。次に、治療者に残る強い印象のイメージと箱庭作品との関係性、その時のクライエント役の身体的体験等を話題にすることも意味がある。特に、クライエント役が、箱庭に象徴性の強い作品を置いた時のクライエントの身体感覚と、治療者の身体感覚、イメージ等について話し合うことも意味があろう。以上のような体験の中で、特に、箱庭に中心化が現れた時の体験を両者とも大切にする。

最後に、瞑想箱庭療法の訓練のまとめを述べる。瞑想箱庭療法の訓練で核となることは、瞑想中にいかに「我を忘れる」心理状態に入るかということである。これは、自我が意識と無意識との境界にまで下がることを意味する。しかし「我を忘れる」という心理状態を体得することは容易ではない。そこで、前述したような一人で行う呼吸法や瞑想等の訓練が必要とされるが、それは、形だけそうすればよいというものではない。むしろ自分の日常生活が見つめ直されなければ意味を持たないであろう。日常生活を見つめ直すとは、自分がどれだけ「思想の矛盾」に執われ、因果論的思考と価値観に縛られているかということへの自覚を伴うものである。そして、意識を無意識化する。コンシャスネスよりもアンコンシャスネスを大切にする生活態度を確立していくことである。こうした生活態度の中でこそ、一人で行う瞑想の訓練も生かされる。また、少なくとも、瞑想箱庭療法のトレーナーはそういう生活の実践者でなければ、他者を指導することは難しいし、そこには虚偽がつきまとうであろう。

今日のように、効率性のみが重んじられる社会においては、そのようなことは非能率的で適応的ではないかもしれない。しかし、他者の心の援助等を行う職業に従事する我々においては、そのような態度は必要であろう。その理由は、効率性に振りまわされ、家族関係においても職場の人間関係においても、様々な心の病理が発生してくることの事実による。前述のような態度を身につけた援助者のいる職場は、優れて、「自由で保護される場」になるであろう。

第5章

「新瞑想箱庭療法」事例紹介

本章、事例編では、これまでの章で述べた内容が、どのように心理療法の場面で生かされていくかを明らかにしていきたい。特に「瞑想的な面接」の内容、「治療者の瞑想が深まってゆく過程」、「治療者とクライント、そして場に成立する布置」の内容、治療者・クライエントの「純粋経験」の成立、「サトル・ボディ」体験、そして何よりも、箱庭表現の変化、外来森田療法におけるクライエントの日常生活の変化等に注目して欲しい。

1　瞑想箱庭療法から外来森田療法へと切り替え併用した事例

ここでは、瞑想箱庭療法と外来森田療法を切り替え併用した事例に説明を加える。何故、箱庭療法からの切り替え併用なのかは、これまでの章で説明してきた通り、クライエントが成人の場合には、箱庭療法によって心理的安定を得た場合でも、再び職場等の日常生活に復帰すると、症状が再発する可能性が高いからである。[1] 一方、最初からの外来森田療法の実施は、重篤な神経症や精神病症状、うつ病性障害のクライエントの場合は困難である。また、以上のようなクライエントは、心理療法場面における治療者からの侵襲性に過敏である。

そのような理由から、「対自的関係性」を重視した「新瞑想箱庭療法」からの導入が検討された次第である。

【事例１】
「なんでも園からの出発」
――精神病圏の成人女子への瞑想箱庭療法から外来森田療法へ

Ⅰ　事例の概要

クライエント＝Ｂ子さん、大学生　面接開始時、二〇歳
主訴＝「思考がまとまらない」「自分の寝室の近くに人の気配がして怖い」「夜眠れない」などの症状を持つ。
主治医の診断では現在は「精神病状態」であるが、明確に「統合失調症」とする診断は経過を待たなければ明確にならないということであった。本人にメジャートランキライザーを処方しても副作用が強く出るということと、クライエント本人が心理療法を希望しているとのことで、当心理相談室が紹介された。その際に主治医から、「本人の病態が統合失調症」になり得るので、箱庭療法などは、極力侵襲的にならないように実施して欲しい、また、症状が悪化した場合には至急中断して欲しいとの指示があった。

家族構成＝両親と本人の三人家族、父親の職業は時計職人。

生育歴＝小・中学校では負けずぎらいで勉強、スポーツともよくでき努力家であった。ただし神経質で些細なことにも不安になる性格であった。小学校三年の時に、クライエントより三歳年上の姉が脳腫瘍にかかり、両親は姉の入院等に専念したため、本人は置き去りにされて寂しい思いと激しい不安感を味わったそうである。さらに姉が亡くなると、今度は両親から彼女に姉の面影を見られ、そのこともクライエントにとっては辛い体験であったという。中学、高校時代はブラスバンドで活躍して、現在（発症当時）でも楽団に所属してクラリネットを演奏している。

現病歴＝クライエントの発症の契機は、楽団を通して交際していた男性との失恋（その男性が彼女の他に付き合っている女性がいることを知った）、また、ちょうどその時期に姉の一三回忌の法事とが重なった。特に法事に臨んでは、父が郷里の墓地を整理して、都内の霊園に姉の遺骨等を運び埋葬したが、そのことで、本人にも疲労が重なり、眠れない夜が続いた。思考もまとまらなくなり、学部の講義が理解できなかったり、楽団の事務の引き継ぎの順序が整理できなくなったという。さらに、夜、自分の部屋の近くに人の気配がするようになったとのことである。

臨床像＝外見は、流行とは無関係の白いセーターとチエックのスカートを身につけた、ごく普通の女性。そして丁寧に挨拶された。ただし、表情は硬く、能面のようであり、彼女の強い緊張感が治療者にも伝わり、インテークの段階で、治療者は首筋が痛くなった。

Ⅱ　面接の過程

面接の経過は、第一期：瞑想箱庭療法期と第二期：外来森田療法期に分け、さらに第一期での治療者―クライエント関係、箱庭の変化を明確にするために、第一期を前期と後期の二つに分けた（以下、治療者をTh、クライエントをＣｌと略記する）。

第一期：瞑想箱庭療法期

（Ｘ年一二月～Ｘ＋一年六月）

二週に一度の頻度で、全一三回、面接を実施した（一回の面接は五〇分）。

《前期》（第一回～第五回）

インテーク面接において、ここでの心理療法の方法、たとえば、毎回の面接では話を聞く時間、箱庭を置く時間に分けられ、箱庭制作中、Ｔｈは制作者の邪魔にならないように、後ろを向いて静かに目を瞑っていること。またＣｌの状態が安定してきて学校等に戻れるようになったら、森田療法に切り替えること。そして、森田療法でのやり方はその時になったら改めて説明することなどについて伝えた。それに対して、Ｃｌ

は「はい、お願いいたします」と了承した。

この期間は、Ｃｌ、Ｔｈともに治療空間と治療場面に親しむようになる時期であった。Ｔｈが瞑想に入れるようになるにしたがって、Ｃｌも場に馴染み、箱庭には最初の中心化に近い表現がされた。

第一回（X年一二月某日）

Ｃｌは「最近毎日が怖くてたまりません。朝起きると不安が強くて学校にも行けません。理由も分からず、ただ怖いのです。どうしてこうなったのかも分かりません。失恋のショックと姉の法要や墓地への移動などで、生きていることに疲れてしまったのかもしれません」とぼそぼそと話す。

Ｔｈはそれに対して、半ば目を閉じてエピソードを聞く。するとＴｈの心身は激しい疲労感に襲われる。Ｃｌとの最初の心理面接で緊張したことに加え、後で考えると、まだこの段階では「Ｃｌを治そうとする」気持ちが多少はあったからだと思われる。

やがて、Ｔｈが瞑想に入ることができるようになると、同時に突然「寂しい松林」のイメージとその中の小道が見えてきた。そして、Ｔｈの呼吸が深くなった時、Ｃｌが下記のように語った。

「勉強しなければならないと準備をしても、全然頭の中がまとまらず混乱するばかりなのです。それから私は一人でいる時がとても嫌いです。寂しくてたまりません。小学三年生の時に姉が病気にかかり、両親は姉の看病ばかりで私が帰宅しても誰もいませんでした。姉が亡くなっても、誰も私のことはかまってくれませんでした。そんなことを今になって思い出し辛いのです」

Ｔｈは、そのエピソードを聞きながら、今度は激しい眠気に襲われた。するとＣｌが「本当にここは眠いですね。途中の電車の中から暖かったのですが、ここにいると暖かくて気持ちがいいです。安心できる場所です」と語った。その時、Ｔｈはすでに瞑想に入っていた。「瞑想に入る」とは、Ｔｈの自我が意識と無意識の境界に降りることを意味する。

〔箱庭の制作〕（写真1—1〈巻頭口絵参照、以下同〉）

箱庭制作中、Ｔｈには、再び寂しい森の小道のイメージと大きな蜘蛛や洗濯物をくわえた黒い亀などのグロテスクなイメージが次々に自然発生してきたが、それをあえて追わず、呼吸を整えていった。やがて心地良い、睡眠と覚醒の中間にいるような状態が訪れた。眠ってはいるが、Ｃｌが箱庭のアイテムを置く音や砂の音が明確に聞こえている状態である。箱庭終了の知らせとともに箱庭を見ると、モンスターと戦う兵士、動物たち、ハシゴを登ってこの領域から逃げ出そうとしている犬などがいた。また、箱庭の中央にはガラス玉が無造作に置かれていた。

Ｃｌは「これは『なんでも園』です。動物園が壊れた状態でしょうか。一応囲いがありますが、間の生活する場所と動物との境がはっきりせず闘いです。頭の中がまとまらなかったのですが、とりあえず何とか置くことができました。犬はこの世界から外に出たいのですが、よじ登れないのです」と説明した。

第二回（X年一二月某日）

Ｃｌは「相変わらずなかなか眠れず、眠剤を増やしてもらいました。二週間の間で、一日だけなんとか大学に行けましたが、講義を聴いても頭の中がまとまらず、全く理解できませんでした。それからは、大学には再び行けなくなり、家で寝たり起きたりの生活が続いています」と語った。

Ｔｈは、半ば瞑想状態でＣｌのエピソードを聞いていると、うすら寒い感じの白い家のイメージが心に浮かんできた。とても寒々としている感じであったが、そのイメージに注意を向けずにいたら、何も心に浮かばなくなった。するとＣｌの方から、次のように語ってきた。

「最近、こんな夢を見ました。昔住んでいたＣ市がすっかり都市化され、新しい家が建っていました。昔家族が住んでいた白いアパートではなく、マンションに変わっていました。そこに行ったら、ほとんど会うことがなかった懐かしい近所のおばさんに会い、一緒にお茶を飲んだ夢を見ました。相変わらず頭の中がまとまりません」

〔箱庭の制作〕（**写真１―２**）

Ｔｈが瞑想に入ると、大きなムカデが頭の中を蠢いているイメージに襲われた。そして寂しい感じの白い家の部屋で、Ｃｌが一人で箱庭をしているイメージ等も現れた。しかし、そこには注意を向けず呼吸を整えた。やがて呼吸が整うと、それらのイメージは消え、この場には自分一人が存在しているという世界に入ることができた（「対自的関係性」）の成立）。そして静かに催眠状態に入ることができた。催眠中、Ｃｌが箱庭のアイテムを置く音、砂の音が聞こえてきた。それが耳に入ってくると今度は「寂しい」という実感に襲われたが、その気持ちも静かに流れていった。「流れる」とは、その感情への執われを離れることである。

箱庭が終了したというＣｌの言葉かけで、後ろを振り向き、箱庭に近づくと、箱庭の中央に線路が置かれ、線路を挟んで箱庭の上部の領域に町が雑然と作られ、下の領域にはゴジラ、ワニ、虎などの怪獣・猛獣類が置かれていた。また、第一回の時に登場した犬が、線路に渡してある赤い橋に置かれていた。その箱庭表現を見た時、前回よりも箱庭に境界ができてきたような印象を受けた。Ｃｌは「線路を挟んで向こう側が街で、こちら側が動物園です」と説明した。

第五回（Ｘ＋一年二月某日）

Ｃｌは「思考が少しずつまとまってきました。けれども怖い感じは相変わらずです。確かに、夜誰かが自分の部屋の近くに居るようなのです。父の時計修理の仕事部屋のあたりにも気配がします。自分の部屋では、昔、姉と遊んだ古いジグゾーパズルなどをしています。けれども怖くなると掌を爪でひっかいてしまいます。それから、ここで箱庭を置いている夢を見ました。とても安心できて楽しかったです。子どものころのおままごとを思い出しました」と語った。

Ｔｈは以上の説明を、半ば瞑想状態で聞いていると、意味もなくやりきれないほどの空虚感に襲われてきた。その空虚感は、Ｔｈの自我の力でＣｌを「何とかして治そうとする」ことに意味がないと心から実感できたことから生じる空虚感でもあった。その状態のままでゆっくり呼吸を深めると、ＴｈとＣｌがともにいる面接空間の雰囲気が柔らかく、暖かい感じを体感した。

〔箱庭の制作〕（写真１―３）

箱庭制作中、Ｔｈは最初、前回同様雑念に執われたが、自然に呼吸が整っていった。そうしているうちに眠くなり身体も弛緩した。同時に、面接空間が再び心地良いものに変化していくことも実感できるようになった。そしてＣｌがこの場に存在していることすら忘れてしまうほど深い瞑想状態に入った。その後、これまでと打って変わったイメージが浮かんできた。突然、双対道祖神が現れ、その後、煉瓦色の洋館のイメージが出てきて、庭の庭園には様々な美しい花が咲きほこっていた。朱、紫、ピンクの花々である。門柱までもが鮮やかに見えた。

Clから終了の言葉かけの後に見た箱庭では、たくさんのビー玉が使われ、メリゴーランドやリンゴなど、これまでの箱庭とは打って変わって鮮やかな作品が置かれ、中心化に向かっているように感じた。そしてThの瞑想中の鮮やかなイメージとの関係がある印象を受けたが、それ以上は特に詮索しなかった。

Clは「今回は、箱庭の夢を見たこともあってか、とても安心して置けました。この場所は本当に癒されます。これは森の中の家で、右下が寂しい場所、真ん中は楽しい遊園地のようなところです。左側のガラスの領域は美しいところです。どうにか真ん中とつながりました。寂しいところときれいなところの両面があり、今回はつながり、今、箱庭を置いた瞬間、思考がまとまりました。それから、この棚の人形などの色がとても鮮やかに見えています。これまでの面接ではほとんど感じたことがありませんでした」と語った。

Thが棚に目をやると、実にアイテムが鮮やかに視覚に入ってきた。さらに窓から見える庭の「クスノキ」の枯れ枝が鮮やかに目に入ってきた。

《後期》（第六回〜第一三回）

Clはこの期では症状の回復とともに、抑うつ状態を体験する。Thの瞑想はさらに深まり、ほぼ毎回、「この（面接）場所がどこか分からない」ほどになる。そうしたThの体験に同調するように、Clの置く箱庭に「中心化」が見られるようになるとともに、抑うつ状態もなくなる。症状もほぼ回復する。

第六回（X＋一年二月某日）

Clは「頭の中が混乱しないでも、本が読めるようになりました。理由の分からない怖い感じも収まりつつあります。今はほとんどありません。それから、先週インフルエンザにかかったのですが、母が一所懸命看病してくれました。その時、自分のことをこんなにも思ってくれていたのかと思いました。その後です。一人でも怖くなくなり、勉強する気持ちも出てきたのです。私は恋愛関係でのつまずきで『両親から亡くなった姉の代わりをさせられていた』という勝手な思い込みに執われていたのかもしれません」と語った。
Ｔｈはｃｌのエピソードを聞きながら、目を閉じて頷き、瞑想に入った。

〔箱庭の制作〕（写真１―４）

箱庭制作時も、Ｔｈは、面接での瞑想の継続で、椅子に座り瞑想を続けた。箱庭時の瞑想用の椅子に移動した時には、再び、前回登場した洋館とその庭に咲きほこる花のイメージや、やがて、保育園のグラウンドのようなイメージが出てくるが、そのイメージに執われないでいると、深い催眠のような状態が訪れ、自分が居る場所が再び分からなくなってしまった。ｃｌの「先生、終わりました」という声で、「この面接場所」に自分が存在していることに初めて気づくほどであった。

箱庭には鮮やかな花と滑り台、猫などが置かれていた。ｃｌは「これは保育園で、とても楽しいイメージです。あまり、何を置こうか考えずに、棚のミニチュアを見ていたら自然に手が動いてきたといったところでしょうか」と説明した。そして「先生、お休みになっていたようですね」と笑った。Ｔｈは、箱庭に置かれた花の美しさに感動を覚えた。

第七回（Ｘ＋一年三月某日）

ｃｌは「最近気力が出なくて、寝てばかりいます。学校の方も行けていないので、将来デザイン関係の仕事に就きたいという希望もあまり持たなくなりました。でも寂しい気持ちゃ怖い気持ち、頭の中がまとまらない状態は全くありません。ただ、元気が出ない。空しい気持ちばかりです」と抑うつ状態を語った。

Ｔｈは瞑想しながら、Ｃｌのエピソードを聞き入っていたが、水が静かに流れているようなイメージの中でゆっくり呼吸ができてきた。

〔箱庭の制作〕

Ｔｈの瞑想中に、突然黒いマントを着て髑髏の面を着けた死神のような女性が現れるとともに、前回の双体道祖神のイメージが現れ、そして消えた。その後は、心地良い催眠のみであった。

箱庭には埴輪を先頭にして自動車が一列に並べられ、周辺には家や動物が雑然と置かれた。Ｃｌは「一応道路のある街という感じです。それからこの間、黒い服装をして、鎌を持った死神に自分がなった夢を見ました」と語った。

第九回（Ｘ＋一年四月某日）

Ｃｌは「ここのところも、相変わらず気力が出ないで毎日寝てばかりいます。朝は起きられずに一二時くらいまで寝ています。それでも一日おきくらいは散歩に出ています。時々、プールで泳ぐ夢や水の流れる夢、楽器を吹く夢などを見ています。こういう夢を見ている時には、とても良い気持ちになります。〔中略〕音楽ではクラッシックが好きで、小学校時代からホルンを吹いていました。中学、高校時代はトランペットを吹いていました。高校は山の中にあり、緑に囲まれて、大きな虫が出てきても、とても気持ちが良いところでした」と語った。

Ｔｈは瞑想の中で、今回もまた、水の流れているような気持ちの良いイメージが自然に想記されてきた。

〔箱庭の制作〕（**写真1―5**）

Ｃｌの箱庭制作中は、Ｔｈの中学時代の教室の窓から、桜を見ているイメージが出てきたが、後は、呼吸が深まり、これまで同様、催眠のような状態になった。そして、突然、美しい花のイメージが自然に想記された。Ｃｌが箱庭に何かを置く音は聞こえてきた。

箱庭では、ミッキーや子どものいる公園と、柵で区切られた池、そして、右下に鮮やかな花が一つ置かれたことが印象的であった。Ｃｌは「これは公園です。もっと花をたくさん置きたかったですけど、やはり一つだけの方がぴったりするので一つだけにしました」と説明した。

第一一回（Ｘ＋一年五月某日）

Ｃｌは「少しずつ憂鬱な気分も収まり、やる気が出てきました。昼間は散歩、昼寝、ファンタジー小説を読むことなどをしています。この場が、本当に気持ちが良いことを改めて実感します」といって欠伸と伸びをした。

Ｔｈも眠くなり、瞑想に入った。

〔箱庭の制作〕（**写真1―6**）

Ｃｌが箱庭制作中、Ｔｈはほとんど眠っているような深い瞑想に入った。今回も自分がどこにいるのかも分からない状態であった。そして「先生、箱庭が終わりました」という声かけで、これまでの回のように、初めて、今自分が心理面接中であることを知った。

Ｃｌは「今回は、ほとんど何も考えないで、箱庭を置いていたら、こんな作品ができ上がりました。公園というか花の咲く幼稚園の校庭ですね。今、自分の置いた箱庭を眺めていると、自分自身がまとまってきた感じで、この校庭に居るようです。自分で置いた箱庭がこんなに鮮やかに見えたことは初めてです。今回は自分を忘れて集中できました。花も生きてるみたいです」と語った。箱庭には中心に花、周辺に滑り台や動物などが置かれていた。その時、Ｔｈが解釈する以前に箱庭に中心化が出ていることが実感させられたが、箱庭の説明をするＣｌの姿が、Ｔｈには陽炎のように感じられた。その場に生々しい客体が実在しているとは思えなかった。そして箱庭の花が面接室に実在する花のように見えた。するとＣｌは「ここは窓の外から差し込む光が弱いけど、気持ちが良いです」と言った。その時思わず、Ｔｈは「ここにいる私は、今どのように見えますか」と質問した。するとＣｌは「不思議ですが、外の風景の一部のような感じです」と答えた。そこでＴｈは「あなたの感覚がこの場で開かれたんですかね」と返した。Ｃｌは頷いていた。

第一三回　（Ｘ＋一年六月某日）箱庭療法・最終回

Ｃｌが「だいぶ調子が良いので、明日から大学に戻る予定です。毎日、本を読んだり散歩をしたりしています。人間関係のトラブルがあった楽団とも連絡がとれるようになりました。私の具合が悪くなったきっかけは、私が付き合っていた男性が二股をかけていたことを私が見つけ、彼を追及した結果、彼が私ではなく向こうを選んだことだったのですが、そんなことはもうどうでもよくなりました。その時は、自尊心を強く傷つけられ、同時にこれまでの両親からの仕打ちのようなものが浮かんできましたが、それももう過去の話です」と、あたかもＴｈに語らず自分自身に語るように話していった。

ＴｈはＣｌのエピソードを、何も考えないで、机の上のノートを見つめながら流すように聞いていると、目の前のノートの実在感が強く感じられてきた。

〔箱庭の制作〕（写真１―７）

Ｔｈは瞑想に入った。曼珠沙華のイメージが突然出てきたが、その後は、今回も催眠に近い状態に陥り、Ｃｌの声で目を覚ます。箱庭には、家、ピカチュウ、レール、トンネル、列車などが置かれていた。Ｃｌは「電車がトンネルから出てきました。周囲は街です」と説明した。

次回から登校するということなので、ＴｈはＣｌに外来森田療法に切り替える旨を説明した。その際に、日記をつけること、また「日記には、起床時間、就寝時間と、その日の午前、午後にできたこと。その日の印象などを書いてください。これからの面接ではその日記を用いて、日常生活への復帰が順調に送れるように考えていきましょう」と伝えた。

第二期：外来森田療法期

（Ｘ＋一年六月〜八月）

外来森田療法期においては、Ｃｌが無事復学できるように、「規則正しい生活」「がんばりすぎないこと」、そして「否定的感情に執われたら、外界に五感を開く」ように指示した。結果として、Ｃｌ自ら日常生活への自己コントロールができるようになったところで面接の終結とした。

第一回（X＋一年六月某日）

C1は「大学へも復学できて、楽団の演奏練習にも行けるようになりましたが、休学中は寝たり起きたりの生活だったので、とても疲れてしまいます。講義にも出ているのですが、やはり頭が疲れてしまいますね。それから、今度は以前の状態に戻ってしまうのではないかという不安も強いです。学校は休みたくない。けれども不安はあるということでしょうか。私は、どちらかというと完全主義で、物事を徹底しなければ気がすまないところがあるようです」と言った。Thはその日までの日記を見せてもらうことにした。そして、半ば瞑想しながら、日記について助言を行った。

以下、日記の一部と助言を記す。

天候：晴れ
起床：午前八時
午前の行動：新しい学年になり、昨年度単位が取れなかった「マスコミ論」の講義に出た。
午後の行動：楽団の集会に、ここも久しぶりに出席した。
本日の感想：しばらくぶりに大学の講義に出たが、同じ教室でも昨年と雰囲気が異なるので緊張した。午後、これも久しぶりに楽団の練習に参加した。例の彼は来ていなかったが、箱庭の時にはどうでもよくなっていたはずが、現実でもし顔を合わせたらとても辛いと感じるようになった。それでも、音楽は好きで、この楽団は去りがたいという二つの気持ちに揺り動かされた。

就寝：午前一時

Ｃｌに対して、面接場面で、Ｔｈは以下のような助言を書いた。

「教室の雰囲気が異なるのは当然で自然なことです。それよりも、周囲の人たちに注意や関心を向けると、またいろいろと考えることが多いですが、窓の外の自然にも関心を向けてみましょう。今、窓の外に見える景観を大切にしましょう。そして、講義中は講義のみに注意を向け、理解できる、理解できないを考えないで、ただ聞き流したり、ノートをとったりしてください。次に、楽団での心の葛藤も自然なものです。葛藤しながら、自分のパートの練習をしていきましょう。最後に、大切なことは充分に睡眠が取れるようになることです。もう少し早く寝てください」

以上の助言に対して、Ｃｌは「葛藤しながら行動するというのは、かなり大変な気がします。やはり、嫌なことに直面したくないことはしかたないと思います」と返した。それに対して、Ｔｈは「そういうものですね」とだけ答え、後は不問にした。

第三回（Ｘ＋一年七月某日）

天候：晴れ

起床：午前八時

午前の行動：「マスコミ論」の講義に出席。

午後の行動：大学近くの公園で散歩。夕方から楽団の練習に参加。

本日の感想：講義の方も、ただ聞くことだけをしていたら楽になった。外界の自然に目を向けることは以前から好きだったので、とても大切にしている。今日も、大学近くの公園を散歩していたら、園内の楡の新緑が夏の陽の光を受けてまぶしく、そこに意識しないうちに入りこみ、ついうとうとしてしまった。まるで、箱庭療法での体験のようであった。それから、楽団の練習の時に突然、彼と顔を合わせてしまったが、そこでも不思議なことに、まるで、物を見ている感じで、不安感は全くなく、ただ軽く会釈して去ることができた。明らかに、彼の存在が遠くに感じられた。

就寝：午後一二時

以上に対して、Ｔｈは「順調ですね。彼に会った時には、不安、葛藤をそのままにしておいて、不安の中にも何か自分のしたい欲求を見いだすことでしょう」と助言した。

するとＣｌは「先生、私が言いたいことはそういうことではないです。とにかく、外の世界が流れの中で見えているような感じを伝えたかったのです」と言った。逆に、Ｔｈ側の森田理論への「思想の矛盾」をつかれたようであった。この助言の時、Ｔｈは瞑想的でなく、意識的、操作的になっていたことを気づかされた。

第五回　（Ｘ＋一年八月某日）最終回

天候：曇りのち雨

起床：午前八時

午前の行動：「放送文化論」の集中講義に参加。

午後の行動：昨年知り合った友人達とデパートで洋服を見る。その後食事をする。

本日の感想：久しぶりに友人とデパートに行って洋服を見たり、食事を一緒にした。緊張はしなかったが、以前のような楽しい気分になれなかった。そして、これまでの自分が周囲に合わせてばかりいて、たいして面白くない話や趣味でも、それに合わせないと今風ではないなどと、勝手に思っていたことが分かった。それから、街も騒々しく、街行く人の表情がくすんでいるように見えた。夏の盛りであった。

就寝：午後一一時

以上に対して、Ｔｈは「このようにあなたのリアルな体験を大切にしてください」と一言だけ助言した。その時Ｔｈには、くすんだ街の様子等が明確にイメージできたからである。

Ｃｌはｔｈの助言に対して頷いていた。その時、箱庭のアイテムが並んでいる棚を見て「懐かしいですね。ここに来てから随分時間が過ぎたようですが、以前の事は、ほとんど覚えていません。でも、もう箱庭も必要ないです。ただ、自分の価値観を離れて自然の風景を見ていたり、何かしていると、嫌な感情が流れることは理解できます」と言った。

Ｔｈは「今回で、もう心理面接は終わりにして大丈夫だと思いますが、いかがしょうか」と言うと、Ｃｌは「私も大丈夫だと思います。日記は自分を振り返るために続けたいと思います」と言った。こうして今回の心理療法は終了した。

Ⅲ　考察

今回の心理療法は、筆者が、自らの「瞑想箱庭療法」を実践した最初の事例であった。そのために、以前に織田から学んだ方法がまだ垣間見える。それは、まだ瞑想中に自然発生してくるイメージ等に関心を向けがちであったことからもうかがえる。

　しかし、瞑想中に想記してくるイメージで、面接が終わった後も覚えているものには、やはり象徴的な意味を読み取ることも可能であろう。面接の場に融合し、想記してくるイメージを受け流しているＴｈであるにもかかわらず、その時のイメージを、面接後も強い印象として記憶に残していることは、それがＴｈの自覚体験となったためであろう。その時のイメージは、自覚体験として残るほどのイメージ、すなわち象徴的なイメージであったということである。

　面接の経過を通して、治療者とクライエントの変化について、「瞑想箱庭療法」「森田療法」の論に則り説明を加える。箱庭療法期の第一回の面接で、治療者は、「クライエントを治さねばならない」という思いから解放されずに、最初は、対自的になれない。しかし、第二回からは、「治療者一人がその場に存在するような感じ」になれ、対自的関係性が成立すると、クライエントとの関係性においても適切な心理的距離が形成されたと考えられる。そのことは治療者が箱庭療法で自然に瞑想に入れることである。クライエントの置く箱庭も「なんでも園」の混沌から、街の領域と動物の居る領域との境界が成立する。

　第五回で、治療者は瞑想中に空虚感に襲われたが、これは治療者の自我が行き詰まり、セルフとつながる「新しい自我」を成立させていくこころの働きと理解することも可能である。瞑想中、双対道祖神のイメージや、美しい庭園のイメージ等が突然現れる。特に双対道祖神のイメージは、ユング心理学の象徴理論に基づくと「コニウンクチオ[1]」と呼ばれる治療者とクライエントのセルフの融合を意味するものとされる。それ故に、カルフの言う「母子一体関係性」が成立したことが推測され、箱庭に中心化が現れる。ただし、ここで大切なことはクライエントが面接場面において五感の体験等に関心を向け、治療者とともに、面接場面をリアルに体験できたことである。これは、両者の「場」への融合を意味する。カルフの言う「自由で保護された空間」は、ここでは、治療者とクライエントの「場」に対する「純粋経験」として捉え直されている。

第六回の面接においては、治療者の瞑想はさらに深まる。とともに、クライエントも意図的に箱庭を表現しようとすることから解放される。

その後の第七回から第九回では、クライエントは抑うつ状態を体験する。また治療者・クライエントともに、「死神」のイメージを体験する。これはユング派で言われる「死の体験」であり、クライエントの「古い自我」が死に、セルフとつながった「新しい自我」が誕生することを意味しよう。ここでの面接では、このような状態の時にも、治療者は、瞑想を深め自らの身体感覚にだけ関心を向け、クライエントとの関係性に注意を向けないことに徹した。

そして、第一一回で、クライエントの症状は回復し、箱庭には再び中心化が現れる。これは、前回の中心化よりも鮮明な中心化であった。この回でも、クライエント、治療者ともに、「場」における「純粋経験」が体験されるが、特に、箱庭に置かれた公園が実在するかのごとく、あたかも身体がそこにあるかのような体験をした。これはサトル・ボディ体験と言えよう。こうした体験を通して、クライエントの症状はさらに好転し、最終回を経て、大学に復帰できるようになった。

次の「外来森田療法期」では、箱庭療法期における純粋経験を通して、森田の言う「精神交互作用」「思想の矛盾」が日常生活の中で、比較的簡単にできるようになった。特に、第三回において、クライエントは、公園の木々を「純粋経験」として体験できて、以前付き合っていた男性に突然出会うのではないかという予期不安からの執われを離れることができた。さらに、面接場面における治療者の「思想の矛盾」を指摘するほどになった。そして最終回の面接では、クライエントの日記の内容である「くすんだ街」などの情景を、治療者の側でも、その場でイメージとして体験できるほどであった。
以上、述べたように、クライエントの箱庭療法期における「場」の体験、そして、箱庭における象徴体験と外来森田療法における日常生活での体験が連動し治癒が促進されたものと考察することが可能である。

【事例2】

「自分を分析する癖に飽きました」
――統合失調症の成人女子への瞑想箱庭療法から外来森田療法へ

Ⅰ　事例の概要

クライエント＝C子さん　面接開始時、三〇歳

主訴＝医師から統合失調症と診断され、両親の転勤に伴い、二、三の病院への入退院を繰り返す。その間、薬物治療を継続していたが、父親の転勤先が近いとのことで、Ｔｈの主治医の精神科に転院してくる。妄想、幻聴が以前より軽減し、本人からの心理療法に対する強い希望があったために、当心理相談室を紹介された。ただし、症状が急変した場合には、その旨を伝え、心理療法を中断するようにとの主治医からの指示があった。

家族構成＝両親のみ、弟は別居。

生育歴＝小中高とも成績優秀。某有名私立大学の法学部を卒業する。その後、司法試験合格を目指して、法

科大学院に進み、同時に法律事務所で働く。

現病歴＝大学卒業後、法律事務所に就職。そこで、多忙極まる生活を送ったことが原因でX－八年に発病した。最初は自分が同僚に噂されているという「幻聴」や「関係念慮」から始まるが、幻聴の内容が、これまであまり関心を持たなかった芸能人の呟き等に変わり、やがて、テレビに映る特定の芸能人から求婚されたとか、自分は過去に弟との間に近親相姦があったなどの妄想に変わる。その時はD病院精神科に入院するが、父親の転勤に伴い、E市に転居、F精神病院の外来に変わる。この頃（X－六年）、父親との復職をめぐるトラブル（父親が本人の状態を考慮せず復職を希望したことで言い争いになる）から、睡眠薬等を大量に飲み自殺未遂をはかり、G精神病院に措置入院する。その後、症状は比較的安定し、父親のさらなる転勤に伴い、当心理相談室の主治医のいるHクリニックに転院して今日に至る。

臨床像＝緊張感が激しく、治療初期の段階では治療者の顔をほとんど見られない状態であった。ただし、インテーク面接では、テレビに映る芸能人のIが自分に対して求婚しているという妄想を語る。一方で、学業においては、学童期、青年期ともに、教育熱心な両親の影響を受けて猛勉強して、大学卒業後は司法試験合格を目指し、「現時点でも、まだ諦めていない」「何事も完璧にすまさないと気がすまない」などといったエピソードから、強迫的な傾向が見られた。なお、クライエントは、インテーク面接においても、初期の段階（箱庭療法施行期の段階）では、ほとんど治療者の顔を見られず、マスクをしてうつむいた状態で、ぼそぼそと語るところが印象的であった。

Ⅱ　面接の過程

Hクリニックでの治療はX－四年より始まる。心理療法の開始時は、X年八月からである。

面接の経過は、第一期：瞑想箱庭療法の期間と、第二期：外来森田療法の期間に分けた。また、箱庭療法における変化を明確にするために、箱庭療法期間と外来森田療法の期間をさらに三期（前・中・後期）に分けた。面接の頻度はおおよそ二週に一回である（以下、治療者をTh、クライエントをClと略記する）。

第一期：瞑想箱庭療法期
（X年八月～X＋一年三月）

心理療法が開始されるが、Clは緊張感が強く、本人が心理療法を希望して来所しているにもかかわらず、マスクをしてうつむいて積極的に会話する意思が見られなかった。そこでThは、瞑想箱庭療法の説明と、その後、「心理療法の場に慣れてきたら、日記療法に替える」旨を説明した。Clは「お願いします」と承諾した。面接の時間は大体三〇分であった。理由は「長時間（五〇分）の滞在が、緊張が強いので苦しい」との本人からの要求によるものである。なお、この期間はThの方でもClの病態が気になり、最初はなかなか瞑想に集中できなかった。さらに、統合失調症に対する箱庭療法の影響等も心配した（たとえば、箱庭による不必要な心理的退行が、症状をさらに悪化させるのではないかなど）。にもかかわらず、あえて箱庭療法を実施した理由は、Ｃｌが初期の段階では妄想的であり、言語を主体とする面接では妄想を語ることに終始すると推測したことと、Ｃｌは強迫的な傾向が強く、箱庭療法で創造的な退行が可能になれば、こうした傾向性をほどよく緩和させることができて、そのことが健康な自我の成長と安定をもたらすのではないかと推測したためである。

《前期》（第一回～第五回）

心理療法における治療関係の成立する時期

第一回（Ｘ年八月某日）

Ｃｌは、「自分からカウンセリングを希望してきましたが、前回もそうでしたがこういう場にくると何を話したらよいのか分かりません。とても緊張します」と言った。

そこでＴｈは「最近の出来事でも何でもよいですよ」と伝えたが、自分自身も緊張していることと、すでにＣｌに関心を向けすぎていることに気づき、呼吸を整えて瞑想に入った。

するとＣｌは「最近、テレビに、俳優のＪが登場すると、自分と交際して欲しいと言うので、チャンネルを切り替えます」という妄想が語られた。

Ｔｈは「そうですか」とだけ言い、半ば目を閉じた。数分の沈黙の後、Ｃｌは「私には、自分自身や他人を分析する癖があり、先生が今何を考えているのか気になります」と語った。

Ｔｈは「何も考えていません。ただ、深く呼吸ができるように目を閉じているのです」と答えた。そうするとClはいぶかしく思ったのか、「何かそういう変わったことをされると戸惑いますね。いろいろと分析し始めます。それから以前、精神科医から『あなたの言うことはほとんど妄想であり、そのことに気づきなさい』と言われ、信じてもらえないことで、この精神科医も信じることができませんでした」と言った。

Thは「あなたのお話には、充分に耳を傾けています。ただ、この場で大切なことは、私の心と体が安定すること、そして、あなたの心と体も安定することです。そのためにこうして、呼吸を整えたり、目を瞑ったりしているのです」と答えた。Clは「なるほど、それぞれが自分に関心を向けることですね」と言った。ThはClの理解の良さに驚いた。その後、瞑想箱庭療法に入った。

〔箱庭の制作〕（写真2―1）

箱庭制作中、Thは突然激しい眠気に襲われた。その眠気は瞑想の自然の深まりからくるものではなく、Clの病理の影響からくるものと推測し、心身ともに不愉快な気持ちに苛まれた。不愉快な気持ちとは、眠いけれども鳩尾《みぞおち》がざわざわするという身体感覚であり、少しもくつろげない状態であった。また「統合失調症のClに対する箱庭療法への不安感も出てきた。さらに、その状態は無性にいらいらするという焦燥感に変わり、呼吸を整えることができなかった。

やがて、「終わりました」というClの言葉がけで、焦燥感のまま箱庭を見た。箱庭にはミッキーや白雪姫など、ディズニーで登場するキャラクターが置かれていたが、箱庭の中央の領域は空いており、空虚この上ない印象を受けた。Clは「とても、不安です」と説明して「箱庭をしていたら眠くなりました。ところで、これは、どのように解釈されますか」とThに質問してきた。Thは「特に解釈はできませんが、この箱庭を通して遊べればよいだけです」と答えた。するとClは、「それは難しいです。でも考える必要がないことは一応楽ですね。私は書道が好きですが、そのようなものに近いかもしれませんね」と言った。

第二回（Ｘ年八月某日）

Ｃｌは相変わらず下を向いて「私が、こんな病気にかかったのは、実は、仕事と勉強の辛さから始まったのではないんです。大学生時代、司法試験を受けるために、数名の友人達と、法律の自主的勉強サークルを作ったのです。そこで知り合った男友達が妹と近親相姦をしていることを知り、そのショックで病気になったのがきっかけでした。ただ、近親相姦的なことは私と実の弟との間にも過去にあったようなんです」と再び妄想を語り始めた。

Ｔｈはこの時、前回のような不愉快感を伴う突然の眠気に襲われるが、呼吸を整え、面接室の花瓶の生花を眺めた。すると、バラの花が曇って視界に入り、面接室全体の空気がくすんでいるように感じた。そして「取りあえず箱庭をやりましょう」と先導した。今回、Ｃｌは何の抵抗もなく、箱庭療法に入った。

〔箱庭の制作〕（写真２―２）

箱庭制作時に、最初、Ｔｈは面接時の不愉快な眠気に襲われ続け、瞑想が深まらなかったが、呼吸だけを整えるようにした。そうしても再び、鳩尾のざわざわ感、焦燥感に執われた。箱庭制作時間は一五分くらいであったが、その時間が辛く、長く感じられた。

やがてＣｌからの箱庭が終了したとの言葉かけで、完成した箱庭を眺めてみた。箱庭では、キューピーが端に、怪獣や動物たちが無造作に置かれていたが、前回との違いは、箱庭の中心に筒のようなものが置かれ、周辺にそれを囲む柵のようなものが不完全にでき上がっているところであった。Ｃｌは「キューピーは私です。前回より、箱庭療法とこの場所に慣れてきました。なかなか集中できないものですが、前回よりは良いです」と説明して、「ところで先生、こうした方法は本当に意味があるのですか？」と質問してきた。それに対してＴｈは「意味など考える必要がないこともありますね」と答えた。するとＣｌは、「なるほど、そういうものもあるのですね。そう言われれば、確かに楽になる」と答えた。

第五回（Ｘ年九月某日）

Ｃｌは今回初めて、妄想的ではない現実のエピソードを語った。Ｃｌは「私の家では両親が何事においても、前向きな考えを持たなければならない価値観を持っていて、現在でもそうですが、とても追い立てられてしまいます。特に母親がその傾向が強く、母と顔を会わせたくないので、起床と就寝の時間をずらしています。それから、電車に乗ってここまで来るのですが、車中で他の乗客が私のことをしゃべっているような気がしてしまい辛いです。そういう気がするだけなのですが、辛い」と語った。

ＴｈはＣｌのエピソードを聞きながら、初めて眠気に襲われることなく、呼吸を深くすることができた。するとＣｌは「先生、他人の目が気になりますが、今度、市営プールに行ってみようと思います。水の中を歩いたり、少し泳ぐだけで、何か呼吸が整い、気持ちが良さそうですからね」と思いついたように言った。

〔箱庭の制作〕（**写真２―３**）

今回は、瞑想中も不自然な眠気に襲われることなく、自然に呼吸が整い、瞑想に入ることができた。最初は、面接時のＣｌのエピソードからの影響か、川の水の流れるイメージや滝に流れる水のイメージ等が現れたが、これまでの回のような鳩尾が詰まるような焦燥感は起こってこなかった。そして、自然に覚醒しつつも居眠りをしているような心理状態に入ることができた。

箱庭終了後、Clの置いた箱庭に近づくと、Clが「ここの場所が思いの外、気持ちの良いことに気がつきました。そう言えば、もう秋ですね。窓の外のクスノキの葉が多少紅葉してますね。この部屋にも秋の空気を感じますね」と言い、「この箱庭はキューピーが守られていることを表しています」と説明を加えた。Thが箱庭を眺めると、電車や自動車に囲まれて、中心にキューピーが置かれていた。そしてこの時、Thは、以前に感じた面接室の不透明感が全くなくなっていることに気がついた。さらに、花瓶の花が枯れている、その質感が伝わってきた。

《中期》(第六回~第一一回)

第七回まで、妄想的な事柄はほとんど語られずに、両親の過干渉に対する怒りが面接のエピソードであったが、第九回を境に気分が落ち込むようになり、抑うつ状態に陥った。

第六回(X年一〇月某日)

Clは「家では母が『もっと前向きに挑戦して、司法試験の勉強を再び始めなければ』とうるさい。私も内心はそう思っているので、余計に追い込まれます。そういう時には、いろいろな妄想が起ってくるのです。私は想像したり、空想することが好きなのかもしれません」と自分の妄想に対して、客観的に語れるようになった。

Thはそれに対して「なるほど」と相づちを打ち、呼吸を整えた。

〔箱庭の制作〕

Ｔｈは今回も、無理なく呼吸を整え、瞑想に入ることができた。瞑想中は、自宅である寺の本堂の仏像などが心に浮かんできたが、それも消え、やがて、箱庭のアイテムを取りだす音や砂に何かが置かれる音などが心地良く響いてきた。

箱庭終了後、箱庭表現を見ると多数の神仏が整然と置かれていた。Ｃｌは「神仏をたくさん置きたくなったので、棚にあるものをすべて並べました」と説明した。

第七回（X年一〇月某日）

Ｃｌ「ここのところ気分が落ち込んで何もやる気が起りません。それに追い打ちをかけるように、学生時代の友人から、本当に久しぶりに電話があり、何と彼女は昨年司法試験に通ったとのことで、すごく追い込まれました。さらに、その彼女が私の病気について、本に書いてあるような知識を話し、本当に耐えられないくらいです」と語った。

Ｔｈは、Ｃｌのエピソードを聞きながらも、不思議なことにＣｌの症状の変化に対して、不安になるという気持ちはほとんど起らなかった。理由は、箱庭療法の初期に比べ、面接室におけるＣｌの存在感を明確に感じられるようになったからである。

〔箱庭の制作〕（**写真2—4**）

Ｔｈは瞑想に入ったが、先ほどとは打って変わって突然、理由もない空虚感と寂しさに襲われた、しかしその空虚感や寂しさも一時的なものであった。面接室にはこの季節にしては寒いくらいの冷えた空気が流れているようであった。

やがて「終了しました」というＣｌからの言葉で箱庭を眺めてみると、動物や仏像、埴輪、地蔵などが雑然と置かれていた。Ｃｌは「今回は憂鬱で、あまり箱庭に集中できなかったです。これは特に意味はなく、目に入ったものを並べただけです。なんとなく今日は寒いくらいで、寂しい感じですね」と語った。

第九回（Ｘ年一一月某日）

Ｃｌは「毎日気力が出ないで、落ち込みが激しく、落ち込んでしまう時には死にたくなります。最近では、これまで通り寝たり起きたりの生活と、時々、中学生の時代から始めている書道をしています。けれども集中できません。もうここに来ることがだるく、辛くてたまりません」と語った。

Ｔｈはただ頷き、陰ってはいないが、秋の寂しさを面接室に感じながら、瞑想に入った。するとＣｌも静かに呼吸を整えているような印象を受けた。

〔箱庭の制作〕（写真２―５）

Ｔｈは今回も、瞑想中に一時的に空虚感に襲われたが、呼吸が深まるとともに、それも消えていった。その後は静寂感だけを体験した感じであった。

箱庭が終了すると、中心に井戸が置かれ、それを取り囲むように自動車や列車が置かれていた。Ｃｌは「ほとんど何も考えずに、今回も視界に入ったミニチュアで、何となく手にとりたい物を並べたのですが、それなりに形になっていますね。中心の井戸をとても気に入っています」と説明した。ＴｈはＣｌがなんとかまとまりをつけているような印象を受けた。

《後期》（第一二回〜第一六回）

箱庭表現における再度の中心化と日常生活に復帰する時期

第一二回（X＋一年一月某日）

Ｃｌが「新しい年を迎えてから、気分の落ち込みが減っています。外出できるようになりましたが、今度は、気分が落ち込んだ時には感じなかった、電車の中で周囲から何か言われているような感じが出てきて苦しいです。家では毎日、書道をやっています。本箱にある六法全書などが目にとまると、また、司法試験の勉強をしたいという気持ちが起こってきますが、書道で般若心経の写経をすると、とても落ち着きますね」と語った。

〔箱庭の制作〕（**写真2—6**）

箱庭におけるＴｈの瞑想では、Ｃｌのこれまでの鬱の期間とは異なり、空虚感等が出てくることはなく、心身ともに元気が出てきてとても気持ちが良かった。突然、とりとめなく、昔Ｔｈがまだ幼かった頃、新しい年を迎えて、日頃は付き合いのない親戚が、新年の挨拶に来たことなどが思い出されてきたが、そうした突然の想念はすぐに流れてしまい、睡眠と覚醒との中間にいるような深い瞑想に入ることができた。

終了とともに箱庭を見ると、動物達のグループと人間のグループとが、左右に並べられた。Ｃｌは「これは、新しい年を迎えて、普段は対立してる人間と動物たちが、このようなかたちで挨拶をしているのです」と説明した。そして、「なんとなく新春ですね。この部屋も、それから、窓から見える村の風景も新春の光が感じられます」と言った。Ｔｈは、Ｃｌの話を聞いて、新春の光が箱庭作品に当たっているような印象を受けた。

第一三回（Ｘ＋一年二月某日）

Ｃｌは「気分の落ち込みはほとんどなくなり、ここのところはとても調子がいいです。毎日、書道、六法全書の勉強と、これまでの司法試験問題などを解いています。特に、書道の方が楽しいです。法律関係を勉強すると追われるような気持ちになります。その時、過去の体験にまつわる認めたくない思い出とか、傷ついた対人関係に関する思い出などが蘇ってきてしまいます。そうするとそういう自分を反省したり、悔やんだりしてしまいます。これが自己分析でしょうか。そういう時には、必ず、妄想的な世界に入り、いろいろな物語も浮かんできてしまいます。それから、やはり人混みはだめですね。ここまで来る車中で、他の乗客の話し声が自分に対する悪口に聞こえてきてしまいます。以前ほどは気にはなりませんけど。以前でしたらその理由を考えたりして大変でした」と語った。

Ｔｈは、Ｃｌの妄想もしくは関係念慮はなくなってはいないが、それをある程度客観視できるまで、Ｃｌの自我の安定がはかられてきた印象を持った。

〔箱庭の制作〕（写真２―７）

Ｔｈは今回は、面接の最初から呼吸が深まり、意識と無意識との境界に落ちるような深い瞑想に入ることができた。瞑想中は、「自分が今どこにいるのかが分からない」状態であったが、Ｔｈの箱庭のアイテムを砂に置く音、アイテムを棚からとる音などが心地良く響いてきた。

Ｃｌの箱庭終了の声とともに箱庭に向かうと、中心にリンゴが置かれ、周辺に対角線状にガラス玉が並べられていた。Ｃｌは「砂遊びは本当に気持ちが良いものですね。砂に触っていたら、自然に自分の心の中心がまとまってきた感じです。このリンゴが心の中心ですね」と説明した。Ｔｈが箱庭表現をじっと見ていると、リンゴやガラス玉がキラキラと面接室の窓からの光で、光輝いているような感じがした。するとＣｌは「光輝いていますね」と言った。

第一六回（Ｘ＋一年三月某日）箱庭療法・最終回

Ｃｌは「毎日寝たり起きたりの生活ではなく、市営プールに行ったり、書道に集中したりしています。法律の勉強よりも、昔勉強した書道の方を極め、師範の資格を取りたいと思います。必ず『般若心経』の写経は毎日続けています」と言った。

Ｔｈは、Ｃｌのエピソードを聞きながら面接室を眺めると、花瓶の水仙が鮮やかに香りを伴って視界に入ってきた。すると、突然Ｃｌが「水仙の花がきれいですね。匂いも気持ち良いです。そう言えば梅の花の季節が始まっていますが、まだつぼみですね。今年の満開が楽しみです」と語った。

〔箱庭の制作〕（**写真2―8**）

Ｔｈの瞑想は今回も、睡眠と覚醒との境界にあるように深められた。今回も自分が「面接室」にいることを忘れてしまうほど、自分を忘れてしまうような体験であった。

Ｃ１の言葉かけで、ゆっくりと立ち上がり、静かに箱庭に近づくと、仏や守られた人間など様々なアイテムが、前回登場したリンゴに向かって、あたかも行進しているかのように置かれていた。Ｃ１は「仏様に守られて、人間や動物たちがパラダイスに向かって行進しています。先生、どうですか？　これを見ていると、まるで動いているように見えませんか」と語った。Ｔｈは、初春の光が窓から差し込み、面接室が光に満ちていることに気がついた。そして、Ｃ１とともに箱庭を眺めてみた。すると確かに、箱庭のアイテムが動いているような、行進している感覚に襲われた。Ｔｈは思わず「動きがあって、あたかも動いているようですね」と言ってしまった。今回をもって、Ｔｈが現実生活への復帰が望めてきたことを契機に、箱庭療法は終了した。

第二期：外来森田療法期

（Ｘ＋一年四月～Ｘ＋二年一二月）

外来森田療法期における日記面接の期間を三期に分け、主要と思われる日記のみを取り上げた。外来森田療法を実施した理由は、規則正しい現実生活を通して、社会生活への復帰を行うためと、それに伴う、現実生活における「思想の矛盾」「精神交互作用」の打破へのもくろみでもある。

《**前期**》（第一回～第一〇回）

両親とのトラブルと幻聴への悪循環（精神交互作用）の指摘と外界の自然へ五感を開くことを大切にした生活指導の時期

第一回（X＋一年四月某日）

C1は「妄想と現実との区別はついてきました。毎日、自宅内ですが、『やる気』のようなものが出てきました。それでも、この歳になっても、両親が社会復帰のことなどうるさく干渉してきます。そういう時には、両親の性格や、これまでの家族関係について、余計なことを考え分析する癖が出てしまいます。それが、妄想につながらないか不安です。また、電車に乗って外出すると、時々、私を非難する幻聴が以前ほどではありませんが、まだ聞こえてきます」と語った。日記は以下のような内容であった。

天候：晴れ
起床：午前八時
午前の行動：世話ばかり焼いている両親について、彼らの性格をいろいろと分析することで時間をつぶし、いらいらしてしまった。
午後の行動：図書館に行った。
本日の感想：両親とぶつかると分析癖が出てしまう。おそらく、このことが高じてくると、妄想が出てくるのだと思う。
就寝：午後一〇時

以上の日記に対して、Ｔｈは「両親の言動に執われないようにするためにも、写経やあなたが好きな書道などの注意や関心を向けていきましょう。考える時間よりも行動中心の時間を、生活の中に増やしていきましょう。その際に、外界に五感を開くことを大切にしましょう」と助言を行った。

するとＣｌは「なるほど、分かりました」と理解を示し、以上の助言に対して、肯定した。

第四回（Ｘ＋一年六月某日）

Ｃｌが「最近、両親から、いろいろ世話を焼かれても聞き流すことが多少はできるようになりました。家の中だけではなく、外に出て、いろいろとやってみたくなりました。また、司法試験の勉強への関心はわきませんが、そのままにしています。書道とともに、昔、関心があったデッサン教室に通うようになりました」と語った。

天候：晴れ
起床：午前六時
午前の行動：書道、特に写経を行う。皿洗い、洗濯。ラジオのニュースなどを聞いた。
午後の行動：デッサン教室に行く。
本日の感想：デッサン教室で自分のことを「変な人」「おかしな人」と噂する幻聴があったが、それをすぐに幻聴と気づき、注意を外界に向けることで、なんとかそらすことができた。行動中心の生活のルーティンができつつある。最近気がついたのだが、書道に無心で集中できることとか、写経の内容の「般若心経」の「空」とか、箱庭療法とどこかで関係がありそうだ。箱庭をやらなかったら、幻聴にひっかかり、こんなに早く切り替えることもできなかったのではと思った。洗濯の後、二階のベランダから外を眺めたら、六月の若木の緑が萌えるようだった。そういう時には、プールで水泳をしている時のように呼吸が深くなる。

就寝：午後一一時

以上の面接や日記に対して、Ｔｈは「両親の言動や、デッサン教室等での幻聴に対して執われないようにするためにも、写経やあなたの好きな書道などの関心を向けていくことは大切ですね。それから、外界の自然に五感を通してただ眺めることも大切にしていますね。その体験を続けてください」と助言を加えた。それに対してＣｌは「そういうことなのですね」と納得した。

《中期》（第一一回〜第三〇回）

Ｃｌの完全主義的傾向（思想の矛盾）の修正と日常生活の維持をはかる時期

第一六回（Ｘ＋一年一一月某日）

Ｃｌは「幻聴に対しても執われなくなりました。写経や書道の練習、散歩などを中心とした生活をしています。それから、最近ようやく司法試験の勉強をがんばらなければという気持ちになり、勉強を始めましたが、やはり集中できません。そういう時には、自分を責める癖が出てきてしまいました」と語った。

天候：曇り
起床：午前五時
午前の行動：散歩。写経と書道。皿洗い。
午後の行動：部屋の片付け。郵便局に行く。司法試験の勉強。
本日の感想：散歩などでは身体が自然に動くし、書道も無心でできる。ただし、司法試験の勉強に入ると、追い込まれる気持ちになり、そのことで勉強に集中できない。
就寝：午前一時

Ｔｈからは「60～80％を目安にして勉強してください。60～80％とは『まだ勉強を続けなければならない』というところでやめておくことです。それから、どんなに集中できなくても、最初から時間を決めて、その枠の中で行うことも大切ですね」と助言した。

それに対してＣ１は「60～80％というところで抑えることが難しいですが、私の完全主義が私を追い込み、勉強に集中できなくしているのかもしれません。たとえ集中できなくても時間を決めてしまうことには、それなりの意味があるのかもしれません。それから、何故に書道には無心になれて、司法試験の勉強には無心になれないのか不思議です」と語ったが、しばらくして「やはり、司法試験の勉強は、自分の人生にとって意味があり、書道は趣味としてぐらいに思っていたのかもしれません。物事に対して意味がある、なしで対応していくという自分の在り方が、必要以上の完全主義と苦しみを生み出す原因なのかもしれません。何事も、その理由を明確にしなければならないということも同じですね。でも、箱庭療法のように、箱庭を置くこと自体に意味があるような世界もあるんですね」と過去の箱庭体験などを語った。

この間のＣｌの日常生活は、可もなく不可もなく規則正しいものであった。自分を追い詰めるような傾向も少なくなり、順調に生活に送れるようになった。司法試験の勉強は、合格、不合格にかかわらず、「まだ未練があるので続ける」という範囲で勉強を続けた。また、書道は続けていたが、「自分にはこの道が合っていると言えるまで上達した」とのことであった。そして、向精神薬（メジャートランキライザー）が減量された。ただし、日常生活でストレスがたまると（たとえば、どうしても両親とのトラブルが避けられない時など）には、多少妄想的になったり、幻聴が聞こえたりした。にもかかわらず、Ｃｌ「自分はそういう病気なので、しかたないです」と言えるまでになった。

《後期》（第三一回〜第三六回）

心的エネルギーを日常生活の活動に方向づける時期

第三六回（Ｘ＋二年一二月某日）最終回

Ｃｌは「書道が上達したので、がんばっています。散歩や水泳も続けています。書道に集中すると、他人と比較して、現在の境遇に劣等感を持つという執われを離れることができます。そういう時には、冬の自然が、たとえば富士山や山並みがとても美しく見えます。特に、真っ白な冬の富士に夕陽が当たる時、何とも言えないぐらい美しく、司法試験に合格できなければいけないことなど、どうでもよくなりますよ」と語った。

Ｔｈは、この時初めて、面接室の窓から、富士山が高速道路に邪魔されて見えなくなったことと、冬の富士についてのイメージが自然に想記されてきた。

天候：晴れ
起床：午前五時
午前の行動：写経と書道の練習。
午後の行動：生理痛がひどく寝たきりの状態。
本日の感想：生理が始まると、どうしても眠れず、早起きをしてしまう。けれども、書道が上達したので、准師範の試験を目指すという一つの目標をもってがんばりたいと思う。
就寝：午前一時

Ｔｈは「このままでいきましょう」と一言だけ助言を加えた。

Ｃｌが、精神障害の症状との関わり方がうまくできるようになってきたので、今回をもって定期的な心理療法は終結とした。なお、Ｃｌはその後も日記を続けて、自分の生活を見つめ直すことをしているが、必要とあれば来所するようにとの助言も加えた。

Ⅲ　考察

今回は「統合失調症」と診断されたクライエントに対する、瞑想箱庭療法と外来森田療法との切り替え併用を行った。この方法を実施した理由については、すでに事例の解説で説明した。

箱庭療法期の第一回前のインテーク面接において、クライエントに説明した、ここでの面接の方法に対して、「特に意味を求める必要もないこともある」と特別妄想的にならないで納得されたことが、その後の面接において、「治療者」と「クライエント」「場」との関係性を自然に成立させていく上で意味を持ったものと考えられる。特に治療者に訪れる不自然な眠気や焦燥感は、クライエント自身が体験している身体的、精神的症状であり、それが治療者に初期の面接において布置したものと考えられる。また、治療者とクライエントがともにその場で体験している空虚感は、箱庭に見られる中央が空になっている表現からもうかがうことができよう。以上はあくまでも後からの解釈であり、面接の場面においては事例の進展通りである。

次に面接の第二回などにおいて、箱庭に中心が作られる作業が行われるが、こうした箱庭表現は、ユング派的な解釈では、「こころの宇宙」であるコスモロジーが、象徴的表現としてクライエントの心的世界に成立していくプロセスと考えることもできよう。「こころの宇宙」は第五回において守りの柵とともに、クライエント自身であるキューピーを中心に置けたことからもうかがえる。この時、治療者は、不自然な眠気に陥ることもなく、瞑想に入ることができた。また、治療者もクライエントも、面接場面を五感を通して体験できるようになった。具体的には、Clが面接室における秋の季節感を体験できるようになったこと、また治療者が面接室の透明感を花瓶の質感とともに感じられるようになったことで、これは両者の「純粋経験」に近い体験である。なお、ここでの箱庭の中心化に近い表現は、カルフの言う、治療者とクライエントとの「母子一体の関係性」の成立であり「自由で保護された空間」の体験とも重なるものである。また、この回で、クライエントは、面接場面で、妄想的にならないで、現実的なエピソードを語ることができるようになった。さらに、自分が思考しすぎると（本人はそれを、分析癖と言う）、不安定になり妄想が出てくることも、客観的に言語表現できるようになっていったことなどにそれがうかがえる。

にもかかわらず、その後の第七回から第九回において、クライエントは「抑うつ症状」を呈するようになる。以上の「抑うつ症状」に対しても、ユング派的な解釈として、古い病的な自我が死に、新しい健康的な自我が誕生してくるという「死と再生」のプロセスを読み取ることも可能であるが、一般には、統合失調症の寛解期においては、このような抑うつ症状が現れてくると言われる。(2) そして、以上の症状が現れても、治療者は、そのことに執われることなく瞑想を深めていった。そしてクライエントの症状も少しづつ安定し、抑うつ状態から解放されていった。第一二回では、箱庭に初めて対立的な表現が見られるようになる。これは、カルフの「闘争・対立の段階」とも読み取れる。また、この回では、面接空間や、新春の感じ等も語られるようになる。

そして第一三回で、再び中心化が現れる。この回においては、治療者もクライエントもともに、「クライエントの最も大切なもの」＝セルフの象徴としてのリンゴを、「今この場所で光輝いている」という身体的体験（感覚的な体験）として共有する。これは広義のサトル・ボディ体験と呼ぶことができるであろう。以上の箱庭の経過とともに、クライエントの症状は寛解に向かっていくが、治癒の機序の核心は、治療者の瞑想の深まりにあると考えられる。

次の外来森田療法期においては、クライエントが現実生活に目を向け、日常生活を規則正しくできるような生活指導的な助言を行うとともに、「幻聴」に対する「精神交互作用」の打破や、強迫的な完全主義に対する「60～80％」主義を提唱することでの「思想の矛盾」の緩和等を提案した。具体的には、幻聴が聞こえた時には、極力注意を外界にそらすように促し、勉強等においては、「まだ不十分なところであえてやめておく」などである。クライエントはこれらの提案を、五感を外界に開き、身体的な行為を行うことで体得していったが、その際に、司法試験の勉強よりも書道師範を目指すようになる。これは、自分の自我の理想とすることへのある種の断念であり、「思想の矛盾」のさらなる打破である。さらに特質すべき事柄として、書道を続けるという行為が、箱庭療法において、自分を忘れ、場と一体になれたという体験とも結びついていったことも挙げられよう。

【事例3】
「もう一つの世界の発見」
――うつ病性障害の成人女子の回復過程

I　事例の概要

クライエント＝K子さん　発症当時、旅行会社勤務　心理療法開始時、三〇歳

主訴＝抑うつ、不安のために会社に行けない。主治医からは、「うつ病性障害」の診断を下され、当心理相談室に来室するようになった。

家族構成＝両親と妹が他県にいるが、本人は首都圏で一人暮らし。父親は某一流企業の重役。

生育歴＝小中学時代は活動的で、学業成績優秀で生徒会長にもなった。高校は大学受験校であったが、あえて英語部に所属して、英会話の勉強をした。難関の国立外語大英語学科に入学。卒業して、現在の国際的な旅行会社L社に就職した。何事に対しても完全主義的傾向が強いとのことである。

現病歴＝クライエントの発症の契機は、上司の女性が、あまりにも多くの仕事（英文の旅行文献の翻訳や、その他の事務仕事）を丸投げしてきて、休日に出勤したり、平日でも終電近くまでサービス残業の激務

を行わされるようになってから。また、月に二回、海外出張にも行かされた。そんな日々の中で、食欲、体重の減少と不眠とが続くようになっていった。さらに、気力が萎えてしまい、出社できなくなった。医師から抗うつ薬を処方されて、臥床の日々を送っているという。

臨床像＝クライエントの外見は、清楚な服装で、これといって特徴のないオフィスレディの感じであったが、しゃべり方ははっきりしていて、インテーク面接で、ここでの心理療法の方法等を説明すると、好感をもって理解してくれた。

Ⅱ　面接の過程

面接の経過は、第一期：瞑想箱庭療法の時期と、第二期：外来森田療法の時期に分けた。今回もインテーク面接の段階で、心理療法を「瞑想箱庭療法」から始め、会社に復帰できるようになったら、外来森田療法に切り替える旨を説明した（以下、治療者をＴｈ、クライエントをＣｌと略記する）。

第一期：瞑想箱庭療法期

（Ｘ年五月～Ｘ＋一年一月）

この時期のＣｌは、落ち込みが激しく臥床の生活が続いた。面接場面では、会社に対する怒りや、世話焼きの母親への怒り等を表現しつつも、箱庭療法を通して、それらに対する執われが緩和され、五感の体験ができるようにもなった。面接の「場」に融合することで箱庭に「中心化」が現れ、職場への復帰が無事果たされた。なお、面接の頻度は二週に一回、一回五〇分であった。

《前期》（第一回～第一一回）

この期間は、箱庭療法における砂に触れる体験等を通して、Clの強迫的な傾向が緩和され、過去の否定的な感情への執われが緩和していく時期であり、強迫的でない生《なま》の感情を体験できた時期である。そして、Thの瞑想中の五感（特に視覚）の開けとほぼ同時に、Clの「純粋経験」としてそれが成立し、「自由で保護された空間」を、ClとThがともに体験できて箱庭に中心化が現れた時期でもある。

第一回（X年五月某日）

Clは「一年間の休職の許可が出て、休ませていただいていますが、少しもリラックスできません。絶えず、仕事のことと、上司に対する怒りや嫌悪感など出てきてしまい、そのことで頭の中が一杯になってしまいます。さらに実家のことが思い出され、特に一方的に命令してばかりいる父、勉強や習い事ばかり押しつけてきた母のことなど、夢に見て、とてもやりきれなくなります」と語った。

Thは、そうしたClのエピソードを聞きながら、自分自身が追い詰められるような気持ちになり、瞑想になかなか入れなかった。呼吸も整わない状態で、瞑想箱庭療法に移った。

〔箱庭の制作〕（**写真３―１**）

箱庭での瞑想では、Ｃｌとの間に空間的距離感がとれ、ゆっくりと呼吸を整えることができた。瞑想中は、最初に突然、昔、家族で海水浴に行ったことなどを思い出し、その時、土産物屋で買った美しい桜貝のイメージ等が出てきた。やがて、深いまどろみに落ちた感じであった。

Ｃｌからの「箱庭が終わりました」という声で、箱庭に近づくと、赤い自動車、家などが置かれていた。Ｃｌは「以前、天気の良い時にはよくドライブに行ったことを思い出しました。きれいなホテルに泊まって、のんびりしたいです」と言った。そして「箱庭は面白いですが、身体を動かすことに今ひとつ元気が出ません」と付け加えた。

第二回（Ｘ年六月某日）

Ｃｌは「何もしていなくても疲れ、落ち込みがひどいです。そして、今度は職場で仕事を丸投げされ、責任をすべて取らされても、何ひとつ反論できなかった自分を責めたりしています。落ち込んでいても焦る気持ちになります」と言った。Ｔｈは今回も強迫的なＣｌのエピソードを聞いて、前回同様にＴｈ自身が追い詰められるような気持ちになった。さらに呼吸が苦しくなり、いらいらし始めた。やがてその焦燥感は、鳩尾の息苦しさに変わっていった。今回も、面接中は充分に瞑想に入れない状態で瞑想箱庭療法に移った。

〔箱庭の制作〕

今回も、Ｃｌの箱庭制作中には、Ｃｌとの間に適切な心理的な距離が図られ、静かに呼吸を整えることができた。その時、Ｔｈ自身が強迫的傾向を強く持ち、かつては強迫神経症であったことを突然思い出した

（我に返った感じである）。このように自分を振り返ることが、自然にできた後、心地良い風が吹いているイメージと、河のほとりを歩くＣｌの姿）等が浮かんだが、やがて、眠りと覚醒の境界に入っていった。

今回もＣｌの「終わりました」という声で、目を開け、箱庭を見た。箱庭にはミッキーやビー玉などが置かれていた。Ｃｌは「昔、ビー玉を瓶に集めて、浜辺で遊んでいたことを思い出して、置きました。砂がとても気持ちがいいですね」と説明した。

第四回（Ｘ年七月某日）

Ｃｌは「最近、少しだけ良くなりました。気分の落ち込みが多少は少なくなりました。会社のことで、いろいろ思い出すことが少なくなりましたが、代わりに、実家での両親との関係や中高時代のことなど、夢なども見て、よく思い出します」と語った。Ｔｈは、面接でこれまで感じていたような「追い詰められる気持ちや身体感覚を伴った焦燥感」はほとんど感じることがなく、瞑想状態でエピソードを聞くことができた。

Ｃｌは「私は小学校の頃から、習い事や塾に行かされ、とても疲れていたのですが、それが当たり前になってしまっていました。ただひたすら、勉強をさせられました。父が、有名なＭ企業に努めていたこともあって、有名大学に入れることだけを望んでいまいた。妹はピアノがうまかったので、音楽大学に入りました。それから、私は、子どもの頃から、親に対しては目を見て話ができないのです。今でもそうです。何か圧倒されるような感じになるんですね」と語った。

Ｔｈは、うっすらと目を開け、机上のノートを見つめていた。ノートは陽炎のように揺れ、Ｃｌの話も流れるような音声になっていった。

〔箱庭の制作〕（**写真３―２**）

瞑想に入った直後は、「眠るジプシー女」という幻想的なアンリ・ルソーの絵が突然現れたが、次に、以前行ったことがある自然溢れるＮ農業高校の周囲が見えた。小川が流れ、岸辺には水芭蕉があった。そして穏やかな雰囲気と家畜の臭いがした。その後は、覚醒と睡眠の中間のような状態に入った。Ｃｌがアイテムをなかなか置かず、ずっと、掌を砂に触れさせている感じが、微かな砂の音とともに伝わってきた。

箱庭の終了とともに、箱庭を振り返ると、野菜や魚などが、少ないアイテムで雑然と並べられていた。Ｃｌは「箱庭に何かを置こうとかあまり考えずに、砂を触っていることが気持ちが良いので、ずっと触っていました。すると、今度は、昔楽しかったことが自然に思い出されてくるのです。父に手をひかれて、近くの村に行きました。そこは田んぼ、畑がほとんどで、用水が流れ、用水には魚が泳いでいました。農家のおじいさん、おばあさんもたくさん農作業をしていました。いろいろと昔のことを思い出します。自然は良い物ですね。箱庭にはうまく表現できませんが、こういう気持ちになれただけでもよかったです」と語った。そして、これは「小川と野菜です」と説明した。

第五回（Ｘ年八月某日）

Ｃｌが「最近、起床時間や就寝時間を決めているのですが、落ち込みは少なくなっています。ただ、やはり、再び会社の人間関係などがこころに浮かび、そのことに執われます。すると今度はアルコールに逃げてしまうのです。缶ビール３５０cc三本くらいを飲んでしまいます」と言い、「高校受験、大学受験から就職まで、もうがんばりすぎて、燃え尽き症候群になってしまったのかもしれません」と語った。

Ｔｈは前回同様、自然に瞑想状態に入っていくことができた。そして瞑想箱庭療法に移った。

〔箱庭の制作〕

箱庭での瞑想も、楽な形で呼吸を深めることができた。最初は、自分自身の過去の受験体験の思い出等が走馬燈のように流れ、大雪の日の大学受験会場のイメージが出てきたが、それらが、モノクロの映画の一部のように流れ消えていった。そして、夏、海のイメージ等が自然発生したが、それも流れ、睡眠と覚醒の境界にいる状態に入った。そして、Ｃｌの砂を触る音だけが聞こえた。

Ｃｌからの呼びかけで、箱庭を見ると、箱庭にはディズニーランドのアイテムなどが置かれていた。Ｃｌは「昔はよかったです。他人からの評価も気にせずに海に行けたり、ディズニーランドに行ったりしました。箱庭を置いていると、砂が気持ち良くて、昔の懐かしい思い出が蘇ってきます」

第六回（Ｘ年八月某日）

Ｃｌは「先週以来、気分はとても楽になってきました。それから、最近友人に赤ちゃんが生まれたということで、がんばって出かけてみました。友達に赤ちゃんが生まれたということが不思議でなりません。何で子どもが生まれるのか？　何で結婚するのか？　当たり前のことなのですが、私には不思議なのです」と語った。

ＴｈはＣｌのエピソードを聞いて、自分が固執している常識に対して、疑問を持てるようになったと感じた。そして、目を閉じて、ＣｌとＴｈとが、こうしてここで心理療法的な出会いをしている不思議さを思った。

〔箱庭の制作〕

瞑想に入ると、突然、自分がＣｌになってしまったようなイメージに襲われた。そして半眼の状態になると、面接室は光に溢れていた。再び目を閉じると、川が流れているイメージが見えた。その後は、様々な雑念が現れてきたが、自然に流れていった。

終了の合図とともに、箱庭を見ると、海にヨットが置かれていた。Ｃｌは「いろいろなことに執われず、自然な感じでいたい。そういう自分自身になりたいですね。箱庭は寂しい感じがしますが、私一人の世界を表しています」と説明して、「やはり、砂は気持ちが良いです」と言った。

第九回（Ｘ年一一月某日）

Ｃｌは「この間、叔父の法要で、Ｏ市のホテルに泊まったのですが、部屋の香りは良いものの、どこか人工的でした。とても不快で、かなり落ち込みましたが、何とか帰宅しました。こんな体験はこれまでなかったので、本当に不思議な体験でした。自宅のマンションに戻ると、緩みが出てきた感じです。鬱はそれほどでもありません。それから、ここでも身体が緩みます」と言って、大きく伸びと欠伸をした。

Ｔｈも身体が緩み、呼吸が深まり、楽に瞑想に入っていくことができた。

〔箱庭の制作〕

箱庭療法時における瞑想でも、Ｔｈは、心身が弛緩した状態で瞑想を深めることができた。身体がリズミカルに呼吸しているようなイメージが現れたが、それも自然に流れて行った。

完成された箱庭を眺めてみると、色のついた碁石が並べてあるだけであった。そしてＣｌは「砂の感じを味わっていたら、こんなものができ上がりました。これは遊戯です」と説明した。

第一一回（X年一二月某日）

Ｃｌは「最近一人でいるととても寂しい気持ちがこみあげてきます。これまで、中学、高校、大学でもたくさんの友達がいましたが、それは、自分がまわりから悪く評価されないために気をつかい、自分が本当は寂しいという気持ちに目を向けることがなかったのだと思います。今回の職場でも周りに気をつかい、上司から丸投げされる仕事を全部引き受け、そのように気をつかっている自分を否定的に評価した上司への怒りがわき、何故分かってくれないのかと落ち込んだのだと思います」と語った。

Ｔｈは、Ｃｌの自己内省的なエピソードに、半眼の状態で花瓶の中の冬の生花に注意を向けていると、突然、花が鮮やかに見える瞬間があった。そういう時は、明らかに、Ｃｌは、Ｔｈに自分を語っているというよりもＣｌ自身に語っているようであった。するとＣｌは「この場所は静かで寂しいですね。でも冬の花は本当に鮮やかです。この場所は癒やされます」と言った。

〔**箱庭の制作**〕（**写真3—3**）

瞑想箱庭療法では、Ｔｈは深い眠りのような状態に襲われた。しかし、Ｃｌの触る砂、アイテムの音、そして沈黙などは伝わってきた。にもかかわらず、この場所がどこかかさえ定かでなくなった。

「終わりました」というＣｌの言葉で、今自分がいるのは相談室で、そこでＣｌのK子さんの心理療法を行っているのだということに気づいた。作品を眺めると、人間、動物などとともに、中心に大木が置かれていた」。Ｃｌは「これまでは、あまり人を置きたくなかったのですが、今回は、箱庭の棚の人が目に入るようになったので置いてみました。この木が生きているようです」と説明した。Ｔｈも、Ｃｌと同じように中心の木を生きたもののように実感したが、さらに驚くことは、Ｃｌの存在がまるで植物のように、全く「ただそこに存在している」と感じたことであった。

《後期》（第一二回～第一五回）

この時期はＣｌの鬱状態がほぼ寛解して、無事、職場復帰ができる時期である。箱庭では中心化が現れるとともに、面接場所における純粋経験やサトル・ボディの体験をＴｈとともにする。

第一三回（Ｘ＋一年一月某日）

Ｃｌは「ここのところ極力外出しています。冬の朝の住宅地から離れた農道の散歩は、とても憂鬱です。寒さだけではなく、はるかかなたから昇る朝日を眺めていると、元気が出るどころか、やりきれない鬱におちいるのです。その場にしゃがみこみたくなります。けれども、ゆっくりと呼吸を整えて、再び周囲を見渡すと、私の鬱も嘘のように忘れるのです。不思議です。そういう時には枯れ草の匂いまでします」と述べた。

〔箱庭の制作〕

Ｔｈが瞑想に入ると、Ｔｈの顔に冬の朝日が当たっているのが実感できた。寒い季節であるが、この場所は本当に暖かいと思った。深い眠りのような瞑想に入りつつも、Ｔｈの棚のアイテムを取り出す音が聞こえたが、とても良い聴感であった。

箱庭終了とともに、箱庭を見ると、これまでの作品とは異なり、家、川、鳥などが整然と並べられていた。Ｃｌは「昔、小学校の時代に感じていた自然は、むき出しで、いきいきしていました。たとえば、水とか空とかすべて人工的ではなかったと思います。箱庭では、一応『現在の自然』の入った住宅地を置きました」と説明した。

第一四回（Ｘ＋一年二月某日）

Ｃｌは、「毎日規則正しい生活をしていますが、鬱っぽさがなくなってきました。落ち込んでも一日で良くなります。特に、自分の部屋を整理したせいか風通しがとても良いです。以前のように、職場の人間関係での嫌な気分を思い出しても、それに執われることが少なくなってきました。たとえ執われてもすぐに流れてしまいます。それから、真冬の散歩は怠りません。以前のように、突然の空虚感がきますが、その後、実に美しく周囲の風景が視界に入ってくるのです。その鮮やかさは、この部屋の中でも感じます」と語った。Ｔｈは瞑想しつつ、面接室の小窓から差し込む、柔らかい冬の陽を感じた。その陽は決して強い光ではないが、机の上のノート類をほのかに照らしていた。

するとＣｌは「この光がとても心地が良いですね。今、この場所に、自分が帰ってきた感じです」と言った。Ｔｈに共感されたり同意されたりすることを求めるのではなく、治療空間と一つになっているＣｌ自身を語っているようであった。そして自ら箱庭療法に入った。

〔箱庭の制作〕（写真３―４）

箱庭療法では、今回もＴｈは自然に呼吸が整い瞑想が深まっていった。瞑想の初期では、ピンク、赤、黄色などの色のイメージがこころに浮かんできた。ただし、それも消えていった。

終了の合図とともに箱庭を眺めると、黄色い花のアイテムが中心に置かれ、周辺を小さな花が囲んでいた。それは曼荼羅のようであった。Ｃｌは「懐かしい花を置いてみました。私は最近、普通に学校や職場に行き、終われば帰ってくる。その生活の平凡な感じが、とても大切に思えるようになっています。ゆっくりと時間が流れ、時間やものに執われない感じでしょうか。けれども現実の生活では、それは難しいことは分かっています。そういう気持ちになるだけで充分です。そんな内容の物思いにふけっていたら、突然、箱庭で使うかごの中の花が目に入り、置いてみました」と言った。ＴｈにはＣｌの置いた花が、あたかも面接室の花瓶の中の生花のようであり匂ってくるかのように感じられた。すると、Ｃｌが「この花は良い匂いがします。カーテン越しに差し込む陽の光にも溶け込んでいます」と言った。

第一五回（Ｘ＋一年二月某日）箱庭療法・最終回

Ｃｌは、明るい感じのピンクを基調にしたセーター等を着て来所した。女性的な感じが強烈に伝わった。そして「最近は時々街に出かけ、ブティックで服などを見ています。あまり、流行のファッションなどに執われずに、自分の体感に合いそうなものを選べるようになりました。それから、職場復帰も大丈夫な気がします」と言った。

Ｔｈは、気がつくと、半眼のままですでに瞑想に入っていた。

〔箱庭の制作〕（**写真3―5**）

箱庭療法では、今回もThは自然に呼吸が整い、瞑想が深まっていった。瞑想の初期では、Clの服装の色に影響されたのか、今回もピンク、赤、黄色などの色のイメージがこころに浮かんできた。ただし、それも消えていった。今回も「自分を忘れる」深い瞑想に入ることができた。

終了の合図とともに箱庭を眺めると、中心に井戸が置かれ、周辺は色とりどりの花に囲まれていた。Clは「この井戸は、命の乾きを潤す働きをします。本当はこういう井戸がこころのどこかにあるのかもしれません」と説明した。この回をもってClは職場への復帰を無事に果たす。

第二期：外来森田療法期

（X＋一年四月～六月）

外来森田療法期においては、Clの就労が順調に進むように、「がんばりすぎないこと」「職場の人間関係」に関する否定的な感情の「精神交互作用」の打破、そのために外界に五感を開くことなどを指示した。

第一回（X＋一年四月某日）

Clの会社復帰はまず、二週間の会社側のリワークプログラムをすませた。四月から本格的な出勤が始まった。八時間勤務になっても、Clは無事に仕事をこなし、人間関係に対する否定的な感情にも、さほど執われずに対応できるようになった。その結果、自分の意見をしっかり言えるようになっていった。

天候：晴れ
起床：午前六時
午前の行動：会社内の事務仕事。主に、ロンドン支店との交渉。
午後の行動：新しいパック旅行の企画会議。
本日の感想：会社の仕事は相変わらず多忙である。まだ復帰し立てであるにもかかわらず、上司から細かい注意を受けたが、以前ほど焦りや苛立ちはなかった。仕事の帰りに、観葉植物のパキラを買った。パキラは、もともと相談室の待合室にあった。帰宅してから缶ビールを一本飲んだらとてもおいしかった。以前見た雑誌で、チーズ作りのセミナーがあるというのを見たので出てみたい。また、簡単なハイキングで自然に触れる会も気に入っているので、どちらにしようかと迷っている。
就寝：午後一一時

Ｃ１に対して、Ｔｈからの助言は、「順調です」との一言だった。するとＣ１は、「パキラを買ってきたのですが、先ほど待合室のパキラを眺めていたら、小さな芽が出ていました。新しい命が芽吹いてきたのでしょう。私も元気になります」と答えた。

第四回（Ｘ＋一年六月某日）
天候：曇り
起床：午前六時

午前の行動：サンフランシスコから羽田に戻り、本社へ。
午後の行動：サンフランシスコの会議の資料作りで、午後一〇時まで事務仕事。
本日の感想：会社内では、例の威圧的な上司から、会議に出す資料を本日中に作るように言われる。私は、初めて「本日中では無理です」とかなり大声で伝えた。上司は「そこを何とかするのが、仕事でしょう」と言ってきた。そこで私は「たとえ仕事でも、できることとできないことがあります。がんばりますけど、できない時は諦めるしかありません」と反論した。悔しいので、徹夜してでも資料作りをしようと思ったが、ほどほどのところでやめた。
就寝：午前一時

Thが「自分の意見を言えたこと。無理せずに、仕事をほどほどのところでやめることができたのはよいと思います」と助言したことに対して、Clは「嫌な感情をそのままにしておくようにすると、自分の意見もしっかり言えるようになりますね」と答えた。

第六回　（X＋一年六月某日）最終回
天候：曇り
起床：午前六時
午前の行動：事務仕事（海外の旅行会社との事務連絡）。
午後の行動：翻訳の仕事。
本日の感想：仕事は落ち込みなく順調にできた。最近、休日には一人で近距離ハイキングを楽しんでいる。

尾瀬に行ったが、ニッコウキスゲともに、小さな沼を発見して、その周りに、名も知らぬ花が咲いていた。その沼の水はとても澄んでいて、井戸のようだった。しばらく見つめ、再び周囲のキスゲの一帯を眺めると、自分が自然とが一つになったような気持ちになった。仕事の世界とは全く異なる、もう一つの世界を見つけた感じだった。

就寝：午後一一時

Ｔｈは「良い体験ができてよかったです」と一言書いた。するとＣｌは「待合室のパキラを見せてもらいます」と言って、今回の面接を終了した。

今回をもって心理療法は終結したが、日記は今後も続けるということと、また連絡するということであった。

Ⅲ　考察

心理療法を実施したクライエントは、性格的に強迫的な傾向が強く、完全主義的な側面を強く持っていた。その結果、職場での仕事や人間関係をめぐるストレスによって追いこまれ、抑うつ状態に陥ったものと推測される。

箱庭療法における「我を忘れる」という対象と自分自身が一体になるという体験は、砂に身体が触れることとあいまって、クライエントの堅い防衛を和らげたものと推測される。そのことが結果として、強迫的傾向の緩和につながり、うつ病性障害に対して治療的に貢献したものと推測される。以上を、治療者、クライエント、場との関係性を通して考察する。

まず、瞑想箱庭療法期の前期では、初回において、治療者はクライエントとの間に「適切な心理的距離をとる」ことに苦慮した。しかし、第二回では、治療者が瞑想に入ると、治療者自身の過去の強迫的傾向性が自然に想記され、適切な距離感が図られるようになった。この時の想記は自然発生的であり、直観的なものであった。その結果、それ以降の面接は順調に進んでいった。

第四回では、治療者は、机の上の景物が、主観を離れて「ただそこに在る」（面接の中での表現では、「流れて見える」）という体験をする。これは「純粋経験」に近い体験であると推測される。理由は、治療者の主観を離れているからである。さらに、この回で、治療者の瞑想箱庭中に突然、過去の農業高校の風景が現れ、それがクライエントの体験している過去の田園風景のイメージの想記や箱庭での表現と重なるが、この体験は布置が成立してきた証であろう。また、第六回の面接で、クライエントは、「結婚」「子どもが生まれる」という常識についても不思議がるが、治療者の推測では、そうしたことが自我の努力を越えた事柄としてある、という直観が働き始めたためと推測される。そして、この回の箱庭で、治療者は、クライエントと身体が入れ替わるようなイメージ体験をする。これは事例1でも取り上げたユング派におけるコニウンクチオの体験に近いものであろう。

第一一回において、クライエントは面接場面で初めて、「寂しい」という直接的な感情を表出できるようになった。同時に、治療者・クライエントともに、面接空間を「自由で保護された場所」として体験できるようになり、それは双方の「純粋経験」にも重なる。そして、この回で箱庭に中心化が現れる。中心化は第一四回にも現れるが、ここで表現された「花」を治療者・クライエントが同時に、今この場で「匂ってくる」という身体的な体験をした。この体験はサトル・ボディ体験に近いものである。第一五回において、クライエントは、これまでと異なる、女性的な服装で来所する。この回では、花に囲まれた井戸の箱庭を制作するが、井戸はクライエントの女性性を象徴するものと解釈することも可能である。

これまで述べたような、瞑想箱庭療法期のクライエント・治療者の身体的・心理的体験を通して、治癒が促進されたと考えることもできる。

外来森田療法期において、治療者は、職場におけるクライエントの「思想の矛盾」を指摘するに留まり、クライエントは、箱庭療法での治癒体験を日記に書くことで、現実生活に応用していったものと考えられる。特に、尾瀬へのハイキングでの、自然との一体感等が箱庭療法期の「純粋経験」につながる。こうして、クライエントは、多忙で効率的な職場においても、自分を維持できる「もう一つのこころの世界」を発見した。「もう一つのこころの世界」とは「対自的関係性」の確立に他ならない。

２　瞑想箱庭療法と外来森田療法との同時併用の事例

次に、瞑想箱庭療法と外来森田療法とを同時に併用した事例を紹介する。

同時併用が行われた理由は、日常生活においては生活が不規則なだけで、臥床を中心としていないこと。ただし、発達障害的な課題を持っていたために、職業的な生活に復帰するためには、生活訓練的な指導も欠かせないと考えたためである。心理療法において、瞑想箱庭療法により二次障害的な精神症状をとり除くとともに、外来森田療法（日記療法）によって、毎日の生活を見つめ直すように促すことが、同時併用の意義である。

【事例4】

「山に登ろうとしている人を下から見ています」
――発達障害・二次的障害で「不安障害」「うつ病性障害」の成人男子への療法併用

Ⅰ　事例の概要

クライエント＝P男さん　心理療法開始時、二七歳

主訴＝「抑うつ、不安」を主たる症状として精神科外来を受診。精神科医が発達障害の分野に詳しく、発達検査等を実施するが、すでに小学生の段階で「ADHD」と診断された過去があり、ここでの検査で、新たにそのことが確認された。そこで主治医は、今回の「不安」「抑うつ」の症状は、職場における対人関係のストレスに起因する二次的障害と診断し、当心理相談室での心理療法を紹介した。

家族構成＝両親と他県で会社員をしている弟の3人家族。父親の職業は公務員。

生育歴＝しつけに厳しい公務員の父と専業主婦の母に育てられた。近隣には祖父母や、叔父、叔母夫婦と従兄弟達が住んでいて、常に成績等の比較をされていたという。

現病歴＝幼稚園時代より吃音（構音障害）があったが、クラスの人気者であった。また、落ち着きがなく、常に身体を動かす、忘れ物が多いなどといった傾向が目立った。だが、自分の興味関心ある物事（中・高時代はパソコンの組み立て、自動車構造を調べる）などには集中できた。小学四年生の時に、地元の児童精神科医よりADHDの傾向ありと診断される。高校卒業後、自動車整備士の専門学校に入学、卒

業して整備士の資格をとる。その後、地元の自動車整備関係の会社に就職した。しかし、仕事上のミスが多く（特に他人との協調をしなければいけない業務において）、上司からの度重なるパワハラを受け、不眠、食欲不振（X－三年）に陥り、出社できなくなり、最終的には退職した（X－二年）。その後、自室にこもり、昼夜逆転でインターネットに明け暮れる生活を送っていたが、両親の説得で精神科を受診して、当心理相談室を紹介された。

臨床象＝清潔なスポーツシャツを着て、清楚で礼儀正しかったが、会話に時々吃音が混じっていたところが印象的であった。終始、治療者の目を見ることがなかった。

Ⅱ　面接の過程

面接の過程は二週に一回、一時間の頻度で、クライエントの書いた二週間分の日記への助言と、そのことに対する対話を行い、残りの時間で瞑想箱庭療法を実施した。なお、事例紹介では便宜上、心理療法の全過程を三期に分け、重要と思われる面接の日記と箱庭を取り上げる（以下、治療者をＴｈ、クライエントをＣｌと略記する）。

《第一期》（第一回～第五回）

この時期は日記を通して、規則正しい生活確立への助言を行うとともに、身体を動かすことを指示した。そして「思想の矛盾」と「精神交互作用」を指摘した。箱庭療法には初回から関心を示し、集中して、面接空間という「場」に馴染んだようであった。

第二回（X年九月某日）
天候：晴れ
起床：午前一一時
午前の行動：インターネット。ギターの練習。
午後の行動：インターネット。散歩。
本日の感想：今日も天気が良く、夏の終わりのせいか、蝉が弱々しく鳴いている。父親から「お前は今後のことをどのように考えているか」と言われ、非常にいらいらしてしまい、憂鬱な感情に一気に襲われた。本当は心から泣きたい気持ちであるが、どうしても何かに抑えられてしまい、泣くことができない。また、社会に復帰できない自分を常に責める自分がいて、とても辛い。
就寝：午前二時

以上の日記の内容に対して、Ｔｈは「昼夜の逆転をまず直してください。それから、掃除、手仕事など、身体を動かすことを増やしてください。また、散歩の時間などを増やし、外の自然に心を開き、心に残った風景などの印象を日記に書いてください」と「精神交互作用」の打破を目標とする助言を行った。

するとＣｌは、「両親から同じようにいろいろ言われます。心が折れます」と、日記指導に対して抵抗するように答えた。Ｔｈはその時、目を閉じて頷いたが、話題をそれ以上は深めなかった。そして早速、瞑想箱庭療法に移った。

〔箱庭の制作〕（写真4―1）

今回のClでは初めての箱庭療法であったが、瞑想中、呼吸は自然に整い、全く抵抗感なく瞑想に入ることができた。Clの掌が砂に触れる心地良い音が聞こえた。

やがてClからの「終わりました」という言葉かけがあり、箱庭に近づくと、中心に花が置かれ、初回であるにもかかわらず、まとまりの良い作品が作られていた。Clは「初めてこういう療法を受けましたが、僕には、こういうことがとてもあっています。いつまでもしていたいです。この作品は『楽園』です」と語った。

第四回（X年一〇月某日）

天候：曇り

起床：午前一〇時

午前の行動：インターネット。ギター練習。

午後の行動：ギター練習。植木の剪定の手伝い。叔父の家の畑の手伝い。

本日の感想：本日はまずまずといった天気で、台風がやってくることを感じさせない穏やかな感じだった。

今日は午後から、おおよそ一五年ぶりに家の手伝いをした。植木の手入れ、畑を耕すなど重労働だった。こんな大変な仕事をしている農家の叔父の凄さを感じた。土の臭いがした。会社での自動車の臭い、機械、オイルの臭いと違い、生々しく暖かい感じがした。さらに、周囲の風景が自分にとって本当に懐かしい感じがした。こんな感じはこれまで味わったことがなかった。実家とその周辺は、三〇年前までは農村だったが、首都圏近郊のため、今はほとんど宅地化されている。この日記を書いている時に、季節外れの花火の音が響いている。けれども、花火は見えない。

就寝：午前一時

Ｔｈは「外界に感覚が開かれています。それから、日記の内容が具体的で、分かりやすくこちらに伝わります」と助言した。

それに対し、Ｃｌは「両親は、相変わらず『再就職をしろ』とやかましいし、自分の不安も気分の落ち込みもあります。けれども、何十年ぶりで自然に触れてみると疲れますが、心地良い疲れです」と答えた。

〔箱庭の制作〕（**写真4―2**）

今回もＴｈの瞑想は心地良かった。瞑想中はほとんど、何かのイメージが自然発生することもなく、自然に呼吸が深まり、半ば睡眠のような状態に入った。

Ｃｌの「終わりました」という合図で箱庭を見ると、浜辺に集う人たち、そして船と海の部分が作られていた。Ｃｌは「今回も、気持ち良く箱庭が置けました。これは、旅への出発を表しています」と説明した。

第五回（Ｘ年一一月某日）

天候：晴れ

起床：午前七時

午前の行動：少しだけ庭の掃除。インターネット。

午後の行動：庭の掃除の続き。夕方、里山を散歩。帰宅後、落ち込みがあり、横になってそのまま夜中まで寝てしまった。頓服を飲んだが、収まらなかった。
本日の感想：今日は朝から天気が良く、少し動いただけで、汗が出るような陽気であった。空気が澄んで気持ちが良く、よく労働した感じがした。里山の木々の葉が紅くなって、少しずつ秋に近づいているようである。ただし、母から「お前がそうやって家にいるだけで、将来が心配になる」と食事中に言われ、会社の嫌なことが思い出され、気分が落ち込み、不安になった。そこで頓服を飲んでそのまま寝てしまったが、夜中に起きて、この日記を書いている。先ほどの抑うつや不安が今は全然ない。けれどもどうもおかしい。理由は会社で苦しんだ自分と自然の中で労働する自分の違い、会社という人工的なものと、里山、畑、庭という自然な世界が一八〇度違うからである。こちらの方が自分が本来いる場所のようだ。
就寝：午前三時

以上に対し、Ｔｈは「順調です。自然の中と会社の違いを体験的に理解されましたね。どちらにいる方が、心身の調子が良いでしょうか」と返した。

Ｃｌは「自分は自然を相手にする方が合っているかもしれません。まだ慣れていませんが、その方が身体の調子が良いです。ただ、親はうるさく、親から建て前論を言われると、調子が悪くなります」と答えた。

〔箱庭の制作〕（写真４―３）

Ｔｈが瞑想に入ると、Ｃｌは「自分も呼吸を整え、目をしばらく瞑り、それから、箱庭をしてみます」と言った。Ｔｈは「どうぞご自由に」と勧めた。今回のように、Ｃｌが瞑想して箱庭に入るケースは初めてであった。ＴｈとＣｌは静かに呼吸を深め、やがて、Ｃｌが砂を触り始めた音が心地良く響いた。Ｔｈには「人生は旅である」というイメージが流れるように浮かんできた。

「終わりました」というＣｌの声で箱庭を見ると、虎、龍、仏像などが置かれていた。Ｔｈは「この虎も、龍も仏像も神聖なものです、この二人は、旅の途中で中国の僧のような人に出会いました」と説明した。

《第二期》（第六回〜第一五回）

この間、Ｃｌは、インターネット等を一切絶ち、家事と散歩、自然観察を中心にした生活を行う。その間、不安、抑うつ等は軽減する。投薬もやめる。

第六回（Ｘ年一二月某日）

天候：晴れ

起床：午前七時

午前の行動：読書。掃除。洗濯。

午後の行動：歯医者に行く。里山の散歩。ギター練習。

本日の感想：本日は朝から晴れていた。空気はとても澄んでいた。掃除や洗濯の後、深呼吸を何回もした。とても気持ちが良かった。午後は四キロの道を歯科医まで歩いていった。こんな効率が悪いことは以前の自分では考えられないことであったが、今回は、その方が自然な気がした。帰りには気温が一気に下がり、周囲がくすんでいた。これが冬というものかと思った。帰宅してからはギターを練習した。両親は新しい仕事を見つけることは言わなくなったが、態度や雰囲気から「お前の今の状態は絶対に認めないぞ」という気持ちが伝わってくる。そうすると、自分を責める気持ちが出てきて苦しくなる。けれども、以前ほど動揺しない。気分も落ち込まない。何か自分でも分からないけど、新しい道があるような気がする。それから、言葉ではうまく説明できないけれども、周囲の自然などの環境を、自分と両親は全く違うものとして受け取っているようだ。

就寝：午後一一時

Ｔｈは「嫌な気分が出てきたら、それと戦わず、そのままにしておけるようになりましたね。身体が楽に動くような方向の生活を続けていきましょう」と、「思想の矛盾」や「精神交互作用」の打破を支持した。

〔箱庭の制作〕（写真４―４）

瞑想箱庭療法に入ると、Ｃｌは今回も少しだけ瞑想して、箱庭制作に入った。Ｔｈは、これまで通り、すぐに深い瞑想に入った。特別、自然に想起されてくるような想念やイメージはなかった。

終了の知らせで箱庭を見ると、寺、墓、僧などが置かれていた。Ｔｈは、寺でもある相談室の影響を考えたが、Ｃｌはそれに呼応するように「いよいよこの僧が旅に出ようとしています。ここは寺ですが、僕は特に宗教的なものに関心はありません」と説明した。

第七回（Ｘ＋一年一月某日）

天候：晴れ

起床：午前七時
午前の行動：掃除。洗濯。
午後の行動：近くのスーパーに買い物。かなり混んでいた。帰宅後、散歩をした。
本日の感想：近くの街のスーパーに買い物に行った。調子が悪い時には、他人の視線が気になったりして「自分がばかにされているのでは」などと思ったが、今回は何も感じなかった。それよりも、忙しくて大変だなと思った。自分は全然忙しい生活をしていないが、それでもよいと思った。ただし、今自分が家でできることはしていこうと思った。夕方、富士山を眺めていたら、外の暗さと雲が山にかかった感じがまるで水墨画のようであった。
就寝：午後一一時

Ｔｈは「こういう生活でよいのでは」と助言した。

〔箱庭の制作〕（**写真４―５**）

今回も、Ｃｌはしばらく目を閉じてから箱庭に入った様子であった。瞑想中、Ｔｈはほとんどいかなる想念、イメージもわかず、眠っているようであった。瞑想の最後に、自宅のペットの白猫が梅の木の下でひなたぼっこをしているイメージが浮かんできた。「終わりました」の合図で箱庭を見ると、中心に池と蛙が置かれていた。Ｃｌは「自然の世界への深い旅をしています」と説明した。その時Ｔｈは、「この面接空間」も自然の環境であり、その場にＴｈとＣｌがともに今この場に存在しているという実感を味わった。

第一〇回（X＋一年二月某日）
天候：曇り
起床：午前七時
午前の行動：自分で作った巣箱を叔父の家近くの森の木にかけていたら小鳥がやってきたので、それをじっと時間も忘れて眺めていた。洗濯、掃除、庭の草むしりを行う。
午後の行動：今日も、夕食のおかずのお買い物。風呂の掃除。
本日の感想：自分が作った巣箱に小鳥がやってきたのが感動的であったが、これまでの人生を振り返り、自動車、パソコン、ブランド物ばかりに関心を持っていたのが、こういう物に興味を示せることが信じられない。自分は明らかに変わってきたが、理由が分からない。それから、街に出ても、他人のことなどにほとんど関心が持てないばかりか、街の風景が流れているようだった。
就寝：午後一一時

Ｔｈは「自分の中の感情に関心を向けることより、大自然に関心を向け始めたら、あなた本来のものが出てきたのでしょう」と答えた。Ｃｌは「身体の方が、外の自然を求めてきたのでしょうか」と答えた。

〈箱庭の制作〉（**写真4―6**）
今回も、Ｃｌがしばらく目を閉じてから箱庭制作に入った気配を感じた。今回は瞑想中、Ｔｈ自身がＣｌになってしまったかのようなイメージに瞬間的に襲われた。その後も、ＣｌがＴｈになり瞑想しているような錯覚を持ったが、そのうちに眠くなってきた。その睡眠を無視して呼吸を整えた。

「おしまいです」というＣｌの声で、箱庭を見ると、僧や仏像、湖、墓石などが作られていた。そして、真冬の光が淡く面接室に入ってきた。花瓶の中の水仙の香りが匂ってきた。するとＣｌは、少し吃音を交えながら「この場所の感じが、巣箱を置いた、叔父の家の森のようです。水仙もそこの池の近くに咲いています」と言った。そして「これは、旅ゆく僧が、もっと森深くに入ると、沼と大きな仏像、墓などに出会ったということです」と説明した。

この日、Ｃｌの母親から電話があった。電話の内容は、「息子の様子がおかしい。親は普通の社会人になって欲しいので心配でたまらない。息子は、発達面でも問題があり、社会に出るまで、親は大変だった。けれども、親のそういう気持ちが全然伝わらない。一体そこでは、どのようなカンセリングをしているのか？いつになったら息子は社会に復帰できるのか」という内容だった。

そこでＴｈが「息子さんの様子がおかしいとは、どういうことですか」と質問すると、母親は「規則正しい生活ができても、家事を手伝ってくれても、前向きに社会に出て仕事をしようとする気持ちが見えないのです。主人は森田療法のことも、よく勉強していて『森田療法によって、〃生きる欲望〃に目覚める』と言っていました。向上心が出てきて、世間でも成功するそうです。森田博士は心を病んだ人に対してそのような人間にかえって欲しいので、ご自身の療法を創始されたというではありませんか」と、多少感情的にＴｈを追求してきた。Ｔｈは「森田先生が何を考えておられたか、私は、森田先生ご自身ではないのでよく分かりませんが、お母様の考えはよく伝わりました。とにかく、彼は元気です」と言って受話器を置いた。

Ｔｈはこれでも来所しなくなるのではと推測したが、次の回もＣｌは決められた日程通りに来所してきた。

第一五回（X＋一年四月某日）
天候：晴れ
起床：午前七時
午前の行動：農作業。
午後の行動：農作業。
本日の感想：最近、叔父から畑の土地を借りて、叔父に教わりながら、トマト、キュウリ、ナスなどを作っている。一日中農作業をしている。自分の身体が自然に農作業を求めてきたらしい。両親からは「今の社会で、その程度のことで生活できると思うな。大体、今の世の中で、その程度の農業で生計など支えられるのか」と言われたが、「そんな建て前論はよく分かりません」と言った。
就寝：午後一一時

ＴｈはＣｌの話に対して「なるほど」と返したところ、Ｃｌは「何がなるほどですか？」と逆に質問された。Ｔｈは「あなたとあなたのご両親の言われることに対して『なるほど』なのです」と答えた。するとＣｌは「まるで、そういう問答は落語か何かの問答みたいですね」と言ったが、両親、そしてＴｈに対しても怒っているようであった。ただし、その怒りは瞬間的なものであったようである。

〔箱庭の制作〕（写真4―7）

Ｃｌは、今回も瞑想してから箱庭を置いているようであった。Ｔｈも、すぐに深い瞑想に入ることができた。箱庭のアイテムを置く音は聞こえたが、後は睡眠に入っているようであった。

Ｃｌの声で、箱庭を見ると、仏像、旅の僧侶、農作業をする男性のアイテムが置かれていた。Ｃｌは「これは自然の中で農作業しているようなものですね。僧が旅の途中で農作業している人に出会いました」と説明した。そして「ここでの箱庭も、僕には自然の中での農作業とたいして変わりません」と答えた。Ｔｈには箱庭を見つめていたが、自分が箱庭の中の自然に入っているような印象を受けた。

《第三期》（第一六回〜第二〇回）

この期は、Ｃｌ自身の希望を両親が受け入れ、Ｃｌは農業を学び始めるとともに、日々の生活でＴｈと同じような瞑想を取り入れる。箱庭には中心化が現れ、抑うつ、不安等の二次障害はなくなる。また、吃音も少なくなる。

第一六回（Ｘ＋一年七月某日）
天候：晴れ
起床：午前七時
午前の行動：農作業。
午後の行動：農作業。習字。瞑想。
本日の感想：気分の落ち込みや不安感がほとんど出てこない。今日から、毎日二〇分から三〇分は畑の木陰で瞑想を行うことにした。瞑想した後は、周囲の木の葉が夏の強い光にキラキラと光り、きれいだ。呼吸が深まるので、農作業も楽だが、冷たい水が欲しくなる。両親が叔父と相談して、農地を当分自分に貸してくれるそうだ。けれども、県庁の役人をしている父は「そういう生き方は非社会的で今の社会では非道徳的だ」と言う。私は、父のように下を蹴落として山をひたすら登っていくような生活に飽きたのだ。そこから降りたのである。山の下から山登りをしている人を見ていきたい。農業を生活できる範囲で行い、後はバイトで食いつなげようと思うが、自然にこうなったわけなので、それでいいと思う。

就寝：午後一一時

Ｔｈは「自然にそういう方向に生き方が決まっていったことは素晴らしいです」と答えた。

〔箱庭の制作〕（写真４―８）

感想の中でＣｌが言った「山を下りる」「山を登っていく人」を見るという言葉が、瞑想中にもこころに留まったが、そのまま瞑想を続けた。面接室全体に、真夏であるにもかかわらず、冷房以上の涼しさが感じられ、眠くなってきた。

これまで通りのＣｌからの報告で箱庭に近づくと、中心に、周辺の色とりどりの花で囲まれた、瞑想する黒い大仏がおり、中心化が現れたことが推測できた。Ｔｈは「ここでは箱庭を置いていても、畑で瞑想していても、農作業をしていても、たいして変わりません」と言った。

第一八回（Ｘ＋一年九月某日）

天候：曇り

起床：午前八時

午前の行動：農作業。
午後の行動：農作業。瞑想。洗濯。掃除。
本日の感想：本日も雨が降りそうで降らない気候であった。今日は、特にトマトが枯れてきたので、抜く作業をした。この夏、たくさんのトマトが収穫できて本当に嬉しい。ＪＡの購買部にも持っていった。自然に対する感謝の一念につきる。
就寝：午後一一時

Ｔｈは、日記に対して、「それはよかったです」と軽くコメントした。

〔箱庭の制作〕（**写真4―9**）

Ｃｌは今回も少しだけ瞑想のようなことをして、箱庭制作に入ったようであった。Ｔｈも瞑想に入ったが、今回は音は聞こえるもの、Ｃｌの気配は全く感じられなかった。それだけ深く瞑想していたために、自分のいる場所が分からないというよりも、Ｃｌの存在がＴｈのこころに全くなくなっていた。

制作終了とともに箱庭を見ると、仏陀が瞑想している作品が置かれていた。Ｃｌは「確かに、以前、手塚治虫の『ブッダ』で、こんな場面があったのですが、今の自分にぴったりします」と説明した。

第二〇回　（Ｘ＋一年一〇月某日）最終回
天候：晴れ
起床：午前七時

午前の行動：農作業（草刈り）。
午後の行動：農作業（草刈り）。買い物。高校時代の友人と飲む。
本日の感想：今日も天気が良く、気持ちの良い一日であった。刈り取られた草は、軽トラックで運んだ。枯れ草の臭いがとてもなつかしかった。夕方、高校時代の友人と会い、飲んだが、吃音は少ししか出なかった。彼は、ＪＡ職員なので、これからも連絡を密にしたい。それから最近は、自分が整備士をしていた時、そこでいじめられていたということも遠い過去になり、細かい内容はほとんど覚えていない。
就寝：午後一一時

Ｔｈは、日記に対して、「それでよいのでしょう」と返した。

〔箱庭の製作〕（**写真４―10**）

Ｃｌはいつも通りに瞑想して、箱庭の制作に入った。ＴｈもＣｌの気配を感じることもなく瞑想に入った。

そして、終了とともに、箱庭を見ると、中心に花が置かれ、その周囲を、花や松ぼっくりが取り囲んでいた。Ｃｌに「これは、仏陀の本当の姿がおそらく花だったのかもしれません。花と言えば季節によって、いろいろな花が咲きますが、色は常に変化し続けています」と理解しづらい説明をされたが、あえて内容には触れなかった。

今回をもって心理療法は終結した。Ｃｌは、日記を継続して、年に二回くらいは箱庭を置きにくるとのことであった。

Ⅲ　考察

今回の事例では、瞑想箱庭療法と外来森田療法との同時併用を行った。今回の試みでは、クライエントが、外来森田療法において、「精神交互作用」や「思想の矛盾」が打破され、自然環境の豊かな生活空間の場と融合していく体験と瞑想箱庭療法において、面接空間と融合し、箱庭における象徴体験として、本来の自分に戻る（セルフとつながっている自分、生活環境と心身が一つとなっている自分＝自然法爾）体験とが、違いに照応されながら、心理療法が深まっていったことに特色がある。以上を、日記の記述と箱庭表現、治療者の体験、クライエントの面接空間における「場」の体験等をキーワードに考察する。

まず、第一期第二回の箱庭表現において、クライエントは「楽園」と題した作品を作り、治療空間や治療関係を好意的に受け止め、その後の治療が好転的に展開していく兆しを見せている。これはクライエントが面接の「場」に馴染んでいる証とも受け取れる。

第四回では、クライエントは日記で、自分の生活空間の中で農業することで、その空間を、これまでの職場の環境とは異なるものと体験できるようになっている。さらにこの回の箱庭では、「旅に出る」イメージが表現される。第五回では、治療者は、瞑想中に「人生は旅である」という想念が自然発生するが、クライエントの置く箱庭にも「旅に出る」イメージが登場する。ここに布置の成立を推測することができよう。

その後、第二期において、クライエントは、日々の生活で外界の自然環境に触れ、「行動本位」の生活を続けて、「思想の矛盾」や「精神交互作用」の打破を体験していく。治療者もそれを支持する。箱庭では、「自然の中への深い旅」の作品が置かれる。ここでも、外来森田療法における、クライエントが外界の自然と融合していく体験と、箱庭療法における内界への旅と体験の照応性を推測することができる。

第一〇回では、日記の中で、街に買い物に行っても、風景が流れるように見えたという報告がある。これまでの、人の集まる空間に対する否定的な感情への執われから解放され、街の喧騒を不快と感じる感情に対する「精神交互作用」からの解放を読み取ることができる。「精神交互作用」から解放されて、森田の言う「感情は常に変化する」という「感情の法則」を自然に体得したものと推測できる。これは、外界を「あたかも流れているように」五感が感じ、外界とクライエントの主観の対立がなくなる「純粋経験」に近い体験である。

なお、この回の瞑想箱庭療法での瞑想中に、治療者は、クライエントと入れ変わったような体験をする。この体験はユング派のコニウンクチオに近い体験であるが、あたかも、自然環境の一部としてある、治療者、クライエント、そして面接空間の中でそれが自然に成立しているところに特色があろう。また、治療者もクライエントも、面接空間で、クライエントの置いた箱庭をあたかも「生きているように」体験するが、これはサトル・ボディの体験である。

第一五回では、クライエントは自然の中での農業体験と、箱庭を置く体験、そして両者の「場」の体験の共通性を述べる。

そして、第一六回において箱庭に「中心化」が現れる。これまで述べたような経過の中で、クライエントの症状は回復していく。なお、これまでの回で、治療者は、電話で母親から抗議をされたりしたが、それに対して、あえて取り合わない（森田は、患者の訴えをあえて無視する方法を「不問」という概念で説明している）。また、クライエントの両親への抗議も取り上げなかった。以上のような、クライエントの両親への治療者の関わり方も、クライエントと両親間で発生する感情に対する「精神交互作用」の打破に結びついたものと推測できる。

第三期においては、クライエントは「現実生活においても」本格的に農業を始める。さらに、日常生活において瞑想を行うようになる。箱庭には、第一六回で「瞑想する仏陀」が置かれ、さらに最終回では、その仏陀が「花」に変化する。その花は常に変化していく自然界の象徴とも推測できる。ユングの言う「自己」が刻々と変化、流転する大自然になっているが、これはクライエントの「内的自然」と「外的自然」との融合、一致としての「自然法爾」に近い体験であると解釈することもできる。いずれの箱庭も「中心化」を示している。

以上のような象徴体験は、日記の中での「山を下りる」というクライエントの言葉に照応するものである。それは、「会社員にならねばならない」という思想の矛盾から脱して、クライエントのパーソナリティや特性にも最も適した自然環境の中で行う仕事（農業）を発見したことであるが、ユング派的な解釈ではクライエントの「個性化」の過程を表現したものと考えられる。

3　治療者とクライエントとの言語的交流が希少だった事例

最後に、治療者とクライエントとの間でほとんど会話を行わずに、治療者が瞑想するだけ、クライエントが箱庭を置くだけで軽快した事例を取り上げる。そして、何故にそうした形態の心理療法が有効性を示すのかを検討する。

【事例５】

「何も考えなくても大丈夫です」

――解離性障害青年期女子への瞑想箱庭療法

Ⅰ　事例の概要

クライエント＝Ｑ子さん　高校三年生　心理療法開始時、一八歳

主訴＝解離症状、偏頭痛等、人間関係に起因するストレスから、パニックを起こすと家で母親等に暴力を振るったりすることが頻繁になる。また、意識を失ったりする。気分の落ち込み、偏頭痛もある。地元の児童精神科を受診して「解離性障害」と診断される。投薬治療を受けたが、主治医の方から、Ｑ子さんの母親に「心理療法」を提案され、母親に連れられて当心理相談室を受診するようになった。

家族構成＝両親と本人、妹の三人家族。父親の職業は会社員、母親はパート勤務。

生育歴＝小中時代は、勝ち気で、勉強、スポーツがよくできた。小学校時代は、児童会活動、中学二年生までは、クラブ活動（演劇部）や生徒会活動で活躍した。

現病歴＝中学一年生の時に、部活での役をめぐり、他の部員と衝突して、それが契機となっていじめに発展した。いじめの内容としては、部活で他の部員から無視されたりしたが、部活での無視が、やがてクラスにまで及び、不登校になった。中学三年生からは、地元のフリースクールに通うようになった。その後、サポート校のＲ高校に入学する。そこで、同じ高校に通う、心理的に不安定な男子と交際するよう

になる。その後、親から交際を注意されたことが契機で、解離性障害が発症する。たとえば、かっとなり、母親に暴力を振るったり、偏頭痛とともに意識を失うことが頻繁になる。その後、R高校からS高校に転校して、男子との交際をやめても症状は収まらず、さらに、意識を失っている時に、家出を繰り返したり、ビルの階段から飛び降り自殺を図ったりした。

臨床像＝毎回制服を着て来所する。しっかりした顔立ちだが、治療者の対話することを面倒がり、ほとんど言葉をしゃべることなく終始うつむいて多少ふてくされている状態であった。

Ⅱ　面接の過程

面接は毎回ほとんどしゃべらず、治療者が勧める箱庭制作だけを実施して終わる（正味、一五分）という心理療法が続いた。また、本人もそういう形態を望んでおり、治療者も、そのことを了承したそのため、クライエントに対する情報は、ほとんど母親から聞いたものである。ただし、クライエントは、症状が回復し、大学にも合格できたあたりから、治療者と普通に会話するようになった。なお、箱庭の題名は、クライエントの症状が回復して、心理療法が終結した後にクライエントからつけてもらったものである。面接の頻度は二週に一回であった（以下、治療者をＴｈ、クライエントをＣｌと略記する）。

瞑想箱庭療法過程（X年一一月〜X＋一年一〇月）

《第一期》（第一回〜第七回）

この期間はＣｌが箱庭のみ、対話はほとんどなしの瞑想箱庭療法に終始する。しかし、Ｔｈが瞑想できるようになりＣｌも場に馴染み、やがて箱庭に象徴的な表現や中心化が現れ、解離症状は軽減されていく。

第一回（X年一一月某日）

Ｃｌが母親と面接室に入ってくる。終始うつむき、母親から「現在、サポート校に登校できたりできなかったりの状態が続いているが、本人は、偏頭痛が激しい。家で暴れることもあるが、そのことはほとんど覚えていないという」との説明を受ける。やがて母親は面接室を退出するが、Ｃｌは、終始下を向いていた。その態度からは、Ｔｈとの面倒な会話などしたくない、母親から連れてこられたが早く面接を終わらせたいという雰囲気が伝わってきた。Ｔｈはその時、Ｃｌを治療するという思いに執われていた自分に気づき、Ｃｌに対して、瞑想箱庭療法のみ（外来森田療法の説明を省く形）をして、「ここには箱庭だけ置きに来られればよいですよ」と話しかけた。それに対してＣｌは、初めて「はい」と言って笑みを浮かべた。

〔箱庭の制作〕（写真５―１）

Ｔｈは瞑想に入ろうとしたが、やはり、箱庭だけの面接ということで、なかなか呼吸も深まらず、瞑想に入っていくことができなかった。そのうちに意識が朦朧として、激しい偏頭痛に襲われた。特におでこの周辺が痛かった。

そして、短時間で「終わりました」というＣｌの声が聞こえ、後ろの箱庭を見ると、実に見事に、島、リンゴ、天使などが並べられていた。Ｔｈは「それでは」と言って、勝手に退室した。

やがて、母親とＴｈが再び入室してきて、母親が「今日も頭痛で一日中寝ていました」と説明された。するとＣｌが「うぜぇよ。今も痛いよ」と機嫌悪く返した。Ｔｈは「ここでは、一応箱庭だけしていけばよいですので」と言った。母親は「お願いします」と言った。全箱庭療法終結後、Ｃｌは箱庭に題をつけて「アダムがいるエデンのイメージということです」と説明してくれた。

第三回（X年一二月某日）

Ｃｌは今回も、母と来所した。なお、心理療法の全期間、母と常に一緒に来所した（Ｃｌの自宅から、電車を使うと一時間三〇分かかるが、母に自動車で送迎してもらうと三〇分で到着できるという理由からである）。今回も面接室に入るなり、「始めます」と言って箱庭制作に入った。

〈箱庭の制作〉（**写真5―2**）

Ｔｈは今回も相変わらず、瞑想に入ることはできなかった。そして、再び激しい頭痛と眠気に襲われた。それでも、Ｃｌは箱庭に集中しているようであった。やがて、Ｔｈは何とか呼吸を整えた。そのことで偏頭痛は消滅した。

Ｃｌの「終わった」という合図で箱庭を見ると「神や仏のアイテムの置かれている領域」と「人間がいる領域」に分かれていた。Ｃｌが退出する前に「どうですか、箱庭は？」と質問した。するとＣｌは「まあまあ、面白いかな。頭がもの凄く痛かったのが今は平気」と答えた。

再び、母親と入室してきて、母親が「最近、学校に行ったら、友達とトラブルを起こし、パニックになり大変でした。頭痛も激しいです。また意識が飛んでしまい、覚えていないことが多いです」と、Ｃｌの代わりに説明した。するとＣｌは「あいつらが悪いんで」と言った。Ｔｈは半ば目を閉じ、初めて瞑想しながら聞いていた。すると母親が「この面接室は静かで、空気が澄んでいますね」と言った。するとＣｌは「箱庭は面白い。こういう場所は初めてだ」と言った。なお、箱庭の題名は「現世と極楽」で、Ｃｌの心の中の二つの世界を表しているとのことであった。

第六回（Ｘ＋一年一月某日）

今回もＣｌは、入室して即座に箱庭にとりかかった。

〔箱庭の制作〕（**写真5―3**）

Ｔｈも瞑想に入った。今回、Ｔｈは、最初半眼の状態から呼吸を整えるという工夫を加え、一気に瞑想に入ろうとしないで、少しずつ入っていった。この方法を用いた理由は、瞑想箱庭療法に入る以前の面接がない今回のようなケースでは、いきなりＴｈが瞑想に入ることが困難であることを、数回の面接で体験したからである。ただし、今回も多少の眠気と頭痛には襲われた。しかし、瞑想中にＣｌが深い集中力で箱庭制作を行っているという気配を感じることができた。

制作終了後、Ｔｈの方で「いかがですか」と質問すると、Ｃｌは「最近調子が良いので、友達数人と遊び回っています。ディズニーランドの券を手に入れたので、毎週のように行っています。オールの毎日です」

と言った。

やがて退室して、その後、母親と入室してきた。母親は、かなりやつれ、顔色が悪かった。そして、「本人はまだ偏頭痛がありますが、ここのところ元気で遊び回っています。私の方がしんどいです。夫は逃げてばかりですので」と言った。すると、漫画を読んでいたＣｌが「お母さん、これ見て。今のお母さんそっくり」と漫画の中のやつれた女性の一コマを見せた。するとＴｈはあまりに Ｃｌの機転が鮮やかなので、事もあろうに吹き出してしまった。すると母親は「本当にまあ！」と言った。Ｃｌは後日、「探検隊、ジャングルを行く」という題名をつけ、「この箱庭では、川を作り、どうしようかと考えた時、自然にジャングルと動物が置けました。初めて、考えないで置くことができました」と説明した。

第七回（Ｘ＋一年二月某日）

Ｃｌは今回もこれまで通り、箱庭から始めた。

〔箱庭の制作〕（**写真５―４**）

Ｔｈは前回の瞑想の工夫を通して、初めて楽に瞑想に入れた。そして、今回もこれまでの事例のように、ＴｈがＣｌに変わってしまうようなイメージに襲われた。Ｔｈの身体感覚の体験でＣｌに変わってしまったというイメージである。今回は瞑想中、激しい眠気や、頭痛に襲われることはなかった。

これまでどおり、Ｃｌの箱庭終了の知らせとともに、Ｔｈは箱庭を眺めると、キリストがリンゴに向かっていくという光景が置かれていた。

Ｃｌは「最近調子がとても良いです」と言った。そして、初めて「この場所はパワースポットに似ているな」と言った。Ｔｈは、キリストのアイテムが強烈に視覚に入ってきた。

その後、これまで通り退出して再び母親とともに入室してきた。母親は「最近は、よく遊んでいます」と言った。Ｔｈは「そうですか」と答えた。後日、Ｃｌはこの作品に「キリストを初めて見た」という題名をつけた。そして「森だけを置いていたら、棚のキリストが目に入り、キリストがリンゴに向かっていくイメージが出てきました」と説明した。その時Ｔｈは、Ｃｌが当時をよく記憶しているのに驚いた。

《第二期》（第八回～第二〇回）

この期間にＣｌの偏頭痛も減少し、高校へ複学。受験塾等に通えるようになり、大学にも無事合格する。

第八回（Ｘ＋一年三月某日）

Ｔｈは、今回も入室するなり、いきなり箱庭制作に入ったが、今回は入室した時の雰囲気が暗く、明らかに気分の落ち込みが推測できた。

〔箱庭の制作〕（**写真5―5**）

Ｔｈは瞑想中に、再び初期の段階の眠気とともに、頭痛、さらに気分の落ち込み等を体験した。そして、首筋の凝りのために、瞑想に入ることができなかった。やがてＣｌからの終了の合図で箱庭を見ると、四つの領域に分かれ、それぞれに女性のアイテムが置かれていた。

Ｃｌは全く無愛想に退室して、再び母親と入室したが、不機嫌であった。すると母親が「どうも友達関係がうまくいかないようで」と言った。するとＣｌが「余計なことを言わないでいいよ」と怒り、面接は終了した。Ｃｌは後日、この回の箱庭作品に対して「仲たがい」と題して「当時、一緒に遊んでいた友達と距離が近すぎたことで、うまくいかなくなり、喧嘩別れをしてしまい、自分だけグループから浮いてしまった。その時には、自分の居場所がないような不安感が激しくなり、手首を切りたくなった。それでも解離しないですんだ」と語った。

第一〇回（Ｘ＋一年五月某日）

Ｔｈは落ち着いて面接室に入ってきた。そして落ち着いて箱庭療法に入った。

〔箱庭の制作〕（写真5―6）

今回、Ｔｈは静かに瞑想に入ることができた。Ｃｌもまた、落ち着いて箱庭制作に集中していた。瞑想中は、自我が、意識と無意識との境界に降りたようで、自分がどこにいるのかも分からなかった。

やがて終了とともに箱庭に向かうと中心に山が置かれ、山の上にポストが作られていた。Ｃｌは「何を置いたらよいのか最初はとても迷いましたが、途中から考えることもなく置けるようになりました」と説明した。Ｔｈは箱庭に中心化が出てきたような印象を受けた。やがて、母親との面接に入ったが、母親から「最近、解離もなくなり、安定しています。偏頭痛は多少はあります」と説明された。Ｃｌは「あまり余計なことを考えなくなったのかも」と言った。

後日、Ｃｌは箱庭の題名を「ポスト」とつけた。そして当時を思い出し「自分は『本当は普通の高校生になりたい、おしゃれもしたい』という考え方にひっかかっていたことが、当時少しは分かってきたかな」と言った。

第一三回（X＋一年六月某日）

Clは、非常に落ち着いて入室してくる。そして今回も深い静寂の中で箱庭の制作が行われた。

〔箱庭の制作〕（写真５―７）

Thは今回も瞑想を深めることができた。面接時間は夜であったが、面接室近くから聞こえてくる蛙の声、窓から見える漆黒の闇、夜の六月の緑の木々の匂いなどに自分が溶けていくような感じであった。「終了」の合図とともに、箱庭を見ると、緑の木々、花の中にシンデレラが置かれていた。Clは「最近調子が良い」と言った。母親との面接では、母から「この子が最近大学に行って心理学の勉強をしたいというので、塾に行くことにしました」と言われた。するとClは「解離は全くなくなり、偏頭痛も少しあるぐらいかな」と言った。

その後、沈黙が三人の間を流れ、外の蛙の鳴き声がひときわ高くなった。それを三人が味わっていた。すると、面接室の窓から、ぼんやり見えていた高速道路の夜景が鮮やかになってきた。その後、鳴き声と一つになり沈黙が続いた。この回の箱庭の題名は「迷い道を行く」であった。

第一七回（X＋一年八月某日）

Clは落ち着いて、面接室に入り、箱庭の制作を始める。

〔箱庭の制作〕

箱庭制作中、Ｔｈは、静かに呼吸を整え、瞑想を深めることができた。瞑想中は何らかのイメージや想念は思い浮かばなかった。

Ｃｌの終わりの知らせで箱庭を見ると、首に蛇を巻き付けた男性のアイテムが置かれていた。母親と三人での面接で、Ｃｌは「受験勉強が大変である。試験は、九月のＡＯ入試から挑戦したい」と言った。「けれども、友達とディズニーシーに行く余裕もある」とも言った。ＴｈはＣｌが、自分から対話の言葉を充分に語りかけるようになってきたことを感じた。

第一九回（Ｘ＋一年九月某日）

Ｃｌは、初めて私服で入室した。そしてＣｌは「おかげさまで、ＡＯ入試に合格しました」と初めて治療者に笑みを浮かべた。その大学は一般受験ではそれなりに難しいので、Ｔｈの方も驚いた。

〔箱庭の制作〕（**写真5―8**）

Ｔｈは今回も比較的に楽に呼吸が整い、瞑想に入ることができた。瞑想中は何のイメージや想念も浮かぶことはなかった。

箱庭終了後、作品を見るとトラ、神社のような建物、赤い橋とが置かれていた。三人の面接では、母親の方で「おかげさまで大学に合格できました」と言った。Ｃｌはとても穏やかな表情であった。後日、箱庭のことを聞くと「『中国』という題名が浮かびました。未知の世界を現します」と説明した。

第二〇回（Ｘ＋一年一〇月）最終回

Ｃｌは、私服で入室する。服装は地味であり、黄色いセーターを着ていた。そして「最近、友人とディズニーシーに行っています。心理学に関係した本が読みたいです。それから、アルバイトがうまく行っています」と言った。ＴｈはＣｌの話を聞きながら、面接室が華やぐような印象を受け、ようやく心理療法に慣れてきたが、症状もなくなり、進路も決定したので、今回をもって終了とした。

〔箱庭の制作〕（写真５―９）

箱庭制作中は、ＴｈもＣｌも自分に向き合うことが今回もできた。Ｔｈは瞑想に集中し、Ｃｌは箱庭に集中しているようであった。Ｔｈは、瞑想中はいかなる想念も浮かばなかった。

箱庭が終わると、海とミッキーなどが置かれていたが、これは「ディズニーシーだな」と思った。

なお、その後は、Ｃｌの妹の心理療法を行うことになり、Ｃｌが母と妹と来所することもあった。その時はＴｈともごく普通に話ができた（今回の事例は、心理療法終結後、当時をＣｌが思い出してくれて成立したものである）。

Ⅲ　考察

今回の事例では、毎回、面接室で、クライエントが箱庭だけ置くという特殊な構造の中での面接を扱った。それにもかかわらず、Ｃｌの解離症状は軽快した。

結論的な理由として考えられることは、面接室という治療空間がＣｌにとって安心が持てる場になっていたことが挙げられる。これまでの症状は、クライエントの人間関係に起因するものであり、クライエントは人間関係（クラスメイト、友人、男友達）等からの刺激の中で症状を発症させてきた。そんなクライエントが、治療者と積極的に関わらないで、すなわち関係性の刺激に触れないで「対自的」になることができた。そのことで、クライエントは安心感が持てるようになり、身体の感じや動きも変化したと考えられる。

ただし、以上のプロセスは、治療者と治療空間を通しての無意識的な関わりにおいて初めて可能になることである。すでに、第一回の箱庭で、治療者はクライエントの偏頭痛や、おそらく解離状態に近い意識の状態としての眠気、身体感覚としてのサトル・ボディを体験している。ここで、治療者とクライエントとの布置が成立している。

そして第七回において、Ｔｈは対話を通さない直接的瞑想法に馴染み、ここでの箱庭療法で初めて、深い瞑想を体験できる。この時、治療者には瞬間的にクライエントに変わってしまったかのようなイメージが浮かぶが、これはユング派の言う融合体験（コンニウンクチオ）に近いものであろう。

ただし、治療者は、そうした体験を深めることはしない。それはどこまでも、面接空間という「場」を介在に行われているものであるから、「場」に関心を向け、クライエントに関心を向けない（これがたとえ、対他的傾向を伴っても、どこまでも「対自的関係性」に焦点を当てるこの治療法の特徴である）。この回にクライエントは「この場がパワースポットのよう」ということを一言いう。これは治療場面が「自由で保護された場」として体験できるようになったためと思われる。また、それはクライエントの場への融合を意味する。治療者、クライエントの、場を介在にしたセルフにおける通底の成立である。そして、この回さらに注目すべきは、クライエントがあまり考えないで、キリストとリンゴを置いたことである。ここでのキリストは、むき出しのリンゴを守るセルフの象徴とも受け取れる。リンゴはクライエントの女性性の象徴であろう。こうした箱庭での体験を通して、第八回の箱庭では、ここでは明らかに、箱庭が四分割され、それぞれに人のアイテムが置かれている。これは、対人関係における心理的な距離が形成されたこととも受け取れる。クライエントに解離性障害を発症させることになった対人関係における心理的距離形成の困難さがある程度解消されたものと推測できる。

第一〇回の箱庭でクライエントは山の中心にポストを置き、中心化が箱庭に見られる。この回、治療者、クライエント、母親がともに、蛙の声に聞き入り、窓の外の夜景が鮮やかに見えるという「純粋経験」を体験する。

こうして、クライエントの症状は軽減していき、第二期以降は友人関係とのトラブルにも耐えられるようになる。また、大学進学も無事果たす。

本章では、ほぼ「新しい瞑想箱庭療法」に関する内容について説明してきたが、これまで述べてきたことの要点は、治療者の身体感覚（五感と直観等）の大切さ、「対自的関係性」を重視することによる「深い転移」の成立である（そこには、布置やサトル・ボディ体験が含まれる）。

以上の体験は、治療者やクライエントの「純粋経験」によって可能となる。こうした体験を可能にする行為が治療者の行う瞑想であり、そういう「場」を通してクライエントの自我意識も無意識に創造的に退行していき、治療者、クライエントとの間で、本章に述べたような事柄が成立していく。この一連のプロセスを心理療法のモデルで説明すると、「自然法爾―他力モデル」となる。

第6章

「新瞑想箱庭療法」の可能性

1　実践者等の感想から

本章では、本書で紹介してきた新瞑想箱庭療法およびその療法と外来森田療法との併用について詳しい三人の方に、意見と感想を伺った。いずれも精神科医の方である。なお、心理士の先生方にも感想をいただいたが、頁数の関係上、それらのいただいた意見も総括するかたちで、今後のこの療法の展望や課題についても触れていきたい。まず最初に、医師の視点から、この療法を学ばれている朝倉先生からの報告である。

〈1〉「新瞑想箱庭療法の効用」

朝倉新（新泉こころのクリニック・精神科医）

児童思春期中心の精神科クリニックを開業してかれこれ一〇年近くになる。実質週五日、一日五〇人前後の患者を診察している。来る日も来る日も外来診察を繰り返していることになる。

病棟勤務の時も多大なストレスがあり大変だったが、外来診療のみの状況独自の大変さがあることを身に染みて感じてきた。午前八時前にクリニックに入り、一日缶詰で診察して午後八時すぎにクリニックを後にする。その時点での精神的肉体的消耗度は相当なものである。

クリニックの開業当初から、大住先生のスーパービジョンを受け、勉強会に参加させていただいてきた。瞑想箱庭療法の訓練のため、先生のお寺の本堂で一緒に瞑想をして、野口整体の活元運動も行った。さらに実際に瞑想箱庭療法も施していただいていており、その回数は二〇〇回を超えた。加えて、森田療法の体得のために自ら日記を書いて、それを添削していただいている。実生活でも、毎朝近くの里山を散策の後、三〇分前後の瞑想をしている。

これらの修養によって、クリニックでの外来治療の内容と、それを施す自分自身の状態が変化してきた。その詳細を以下に挙げる。

（1）外来診療によって感じる疲労度が格段に減った。

「精神科臨床を行う者の負担は炭鉱労働に匹敵する」という話がある。日常の外来で患者に対応する時に消耗するエネルギーは並大抵のものではない。しかも、連日一定の時間で相当数の患者に対応するとなると、その消耗度も計りしれないものとなる。

今までは、患者との面接対応の際、「どのように対応すればうまく治療できるか」ということばかり意識して臨床をしていたのだが、大住先生の御指導を仰ぐようになってからは、何が何でも治療しようという意識は消えて、できるだけ無意識に話を進めて、直観的に対応を決定するやり方に自ずからなっていった。

それにより、面接をしている時に余計な緊張感や力が抜けていき、消耗することなくうまく進めることができるようになった。また、このやり方によって、患者にとって侵襲的な状況になることが減り、余計なトラブルが起こらなくなった印象がある。さらに、患者一人に要する面接時間も短縮され、一日の診療が終わった後の疲労感も格段に軽くなった。

(2) 外来診療の時間経過が短く感じるようになった。

(1) の関連事項として位置付けてもいいと思うが、外来の主観的な時間の流れが速くなった。午前の診療を開始したと思ったらすぐ昼休みになっている。午後の診療も同様である。よって、一日の経過が非常に速く感じるようになり、一日一日が淡々と流れていくようになった。

(3) 外来診察中に、心地良い風景が頭の中に自然にわいたり、特有の心地良い味や匂いがするようになった。

診察室で患者の話を聞いていると、その話の内容とは全く関係のない風景や味、匂いの感覚が思い浮かぶようになった。いずれも心地良いもので決して不快なものではない。たぶん浅い瞑想状態になっているものと考える。そして、あくまで印象であるが、面接中にそのような現象の起こった患者は概ね、軽快方向に向かっている。

(4) 箱庭療法において、中心化が出やすくなった。

当クリニックの外来では、一般外来とは別枠で瞑想箱庭療法を行っている。限られた時間内の簡易的なものであるが、最近、中心化を呈する箱庭作品が増えた印象にある。自分の瞑想が深まることが多くなったことに関係しているようである。

(5) 箱庭療法における共時性が目立つようになった。

前述したように、大住先生の相談室で、定期的に瞑想箱庭療法を施していただいているのだが、そこで自分が作る箱庭の内容と、後日自分のクリニックで患者の作った箱庭の内容がシンクロするようになってきた。そして、箱庭がシンクロした患者は、軽快する傾向が多い印象にある。

以上のようなことが起こるようになったが、これらの中でなにより一番助かっているのは、毎日の診察を行うにあたっての精神的肉体的消耗度が格段に軽減したことである。

昨今の精神科臨床の傾向として、操作的診断基準に基づき診断を行った上で、薬物療法主体の治療を行うマニュアルやガイドラインが重視されている。

しかし、患者中心に考え、自然治癒力を高める場を作り、治療者が一体となって、直観を重要視するような治療を行う臨床の知を大切にする方法も、一方では必要なのではないかと思う。実践した立場から、本方法で診療を行うことにより、治療者の消耗度が軽減され、結果的に、患者の方々に良質な医療を提供することができると考える。

続いて、最近、この方法を学び始めた、同じく精神科医の浅谷先生からの報告である。

〈2〉「大住心理相談室を訪れて」

浅谷麻実子（多摩病院精神科医）

精神科医になって以来、医局の方針のもと、単科の精神病院で統合失調症や内因性気分障害等を対象とした薬物療法を主に行ってきました。その間、デイケアや訪問看護にも携わり、外来とは異なる患者の顔を見る機会が増え、退院し地域で暮らしている患者の背景を知らずに診察にあたる違和感から、病院にのみこもらず地域での仕事をさせていただくようになりました。結果、患者を囲む関連機関との情報交換がスムーズとなり、立体的な診方や迅速な対応ができるようになるなど、地域とのパイプは診察場面において大いに役立ってくれました。

ところが、世間には神経症圏、人格障害、発達障害、果ては診断名すら明確にはならないような人たちが山のようにおり、そのパイプを通して次々と外来に送り込まれ、まさに井の中の蛙、パンドラの箱を開けてしまったような混乱に陥ってしまいました。薬物以外の治療に対する不勉強を今更ながら猛省し、頭に疑問符を浮かべながらも、試行錯誤の外来診療を続けていた折、夫の影響で座禅を始めました。私自身、ＡＤＤと社会不安障害の傾向が色濃く、葛藤や慢性疼痛を抱えつつも、ある意味「人生こんなものだろう」と思っていた節がありました。ところが実際はネガティブ感情に溢れ、心や身体を無視し負担を押し付け、想像以上に苦しんでいたことに初めて気がつきました。

それから数年は座禅に没頭する日々でしたが、その座禅もいつの間にかメソッドに囚われ、瞑想自体が依存と期待の対象となってしまい、坐ることすら息苦しくなる始末でした。しかし、通っていた座禅会で素晴らしい仲間との出会いがあり、念仏、気功、様々なボディワークや身体技法の学びを通し、仲間と次第に、心理学が問題にする無意識や潜在意識の存在や繋がりを体験し、それを取り戻す戻す方向にシフトしていくことができました。比喩的にいうと、そうした宇宙の流れのようなものを感じ始めていた頃、仲間の一人から大住先生の講座をすすめられ、それを機に心理相談室に通わせていただくことになった次第です。

神社の境内のような澄んだ空間で、思いつくままに小物を置いていくうち次第に心が平和になり、完成する頃には、何か思考や感情が浮かんでも静けさに吸収されるように消えてしまい、仕事の疲れや頭の詰まりが取れ、ふわふわと浮くような感じがし、箱庭効果のうち、この緩みと心の落ち着きだけ取り出して考えても、抗不安薬等の薬物が激減するのではないか、という印象を受けたものです。

逆に私が座って瞑想する側となった時には、特別なメソッドを与えられず正直戸惑いましたが、確かに覚醒しているのに身体だけが眠りに落ちていくような深い状態となり、手足の裏がジンジンし身体全体が温まりました。終了後、ボンヤリと現実感のない中で、先生が置かれた緑や青のガラス玉の輝き、棚に雑然と並んでいる人形の輪郭がやけにクリアに見え、より立体感があり愛らしく美しいのですが、それ以上の感情はなく、ただそこに物たちが静かに「在る」という不思議な体験をしました。

治療者が瞑想状態になることで、クライエント側の心の波立ちが鎮まる方向に向かうのは、自然の一部である人間が、宇宙としっかり繋がっている山や森に囲まれた場所で落ち着くのと同じなのかもしれないと想像しています。以上が前提になって、仏教でいうところの無常を無常として受け入れられず、強い思い込みの中であがいていた自分にとって、森田先生の遺された言葉はとても響くものがあり、箱庭で心が整ってきた時点で、森田的生活を体得し、現象に対する古い反応パターンから脱していく流れはとても自然に思えてきました。

過去については不問とし、あえて取り上げないところも、内界に下手に手を出せない私にとっては助かります。まだ通い始めてから日は浅く、自分がこれからどこへ向かうのかは分かりませんが、あれこれ考えず淡々と流れのままにいくのがいいようにも思えてなりません。

以上の感想を述べてくださった二人の先生からうかがえることは、「科学の知」ないしは「エビデンス主義」で占められている医療の現場にとって、「そこから落ちこぼれざるを得ない、今目の前に生きている患者自身に、医師の身体感覚までも含めて関わること」が大切であるということではないだろうか。このような視点を持つ精神科医の先生方が増えることが、どれほど「心を病む」人々の安心に通じるものであろうか。それは常識のごとく言われる「病気ではなく病人をみる」ということ以上の意味を持つと、かつて心を病んだことのある筆者は考える。以上のことは、特定の宗教に帰依することでも、神秘主義に陥ることでもない。「臨床の知[1]」を求めるという極めて知的な作業である。

最後は、筆者の新瞑想箱庭療法について、常に深い理解を示してくださる渋谷先生の文章でまとめたい。

〈3〉「瞑想と箱庭と森田療法の自然な統合」

渋谷恵子（高知大学保健管理センター医学部分室・准教授／精神科医）

読者のなかには、瞑想と箱庭療法のドッキングに最初は戸惑いを感じる人も多いかもしれない。しかし、本書を読み進むうちに、精緻な理論とともに、そこに一貫して流れる東洋的な自然観に身体感覚が開いていくようで、最初は著者にしかできない特殊な技法と思われたのが、自然に納得して挑戦してみたくなるのではないだろうか。

本書は、著者のたどり着いた新瞑想箱庭療法について、箱庭療法の源流にさかのぼり、これまでの箱庭療法の理論、技法、訓練等の内容とその課題について触れた上で、著者自身の心理療法家としての訓練の歴史からひも解いてゆく。新瞑想箱庭療法の理論と治療機序を、河合隼雄先生の提起した「自然モデル」や西田幾多郎の「純粋経験」から解説しようと試みており、大変興味深い。さらに具体的な新瞑想箱庭療法の訓練方法を述べた後、このような方法で回復した事例が報告されており、説得力のある実践的な書でもある。

本書では、河合先生があえて言語化しなかった「深い転移」が可能となる箱庭療法時の治療者の態度を「対自的関係性」として、次のように紹介している。

治療者が、呼吸を深めていき自らの身体感覚を解放することで、クライエントの感じていると思われる身体的体験が治療者に起こってくる。これを、クライエントと治療者が深く通底するサトル・ボディ体験として捉え、治療者がその時生じてくるイメージにこだわらず、一貫して治そうとしない非操作的態度で無心になってゆくと、あたかも観葉植物のように呼吸している、場に融合すると著者が語るように、瞑想の深まりと同時に、クライエントの自己治癒力が賦活されて、箱庭にセルフの象徴である中心化が生じる。

私はここ数年、ハートセンターを扉としてマインドフルネスを深めてゆく瞑想を実践しているが、その方法は、呼吸や身体感覚、音への気づきを深めて内側深くへ入っていき、生じてくるどんな感覚やイメージもそのままにして流してゆく。そのようにしてハートを開いて相手の話を聞くと、相手の身体感覚や感情等を自分の身体感覚として受け止めることができて、言葉を超えた共感が可能となる。さらに内側に深く入るとその中心では静かでイメージも何もない「ただ在る」という空のスペースに至る。

このような体験から、著者の瞑想箱庭療法に興味を抱いていたが、当初、この療法は、住職でもある著者の瞑想の深さ故であり、とても真似できないものと思い、また、治療者―クライエント関係におけるイメージへのこだわりについては漠然とした疑問を抱いていた。

しかし、本書を読み、疑問が解けるとともに、実際に箱庭療法の際、後ろ向きにまでならなくても、このような態度で臨むとクライエントの箱庭が深まりやすいことを体験した。

ここで紹介される瞑想箱庭療法の具体的訓練は大変興味深い。クライエントが子どもである場合や、クライエントによっては治療者が後ろ向きになることに抵抗のある人もいると思われ、箱庭療法時に後ろ向きになることには、最初は勇気がいるかもしれない。しかし、一度この方法で訓練して違いを味わってみることは、箱庭のみならず、心理療法の訓練としても役立つことと思われる。

もう一つ、本書の特徴として、著者がオリジナルの瞑想箱庭療法に至るまでの、臨床心理士としてのみならず、人としての個性化の過程のすさまじいプロセスに圧倒されるのではないだろうか。

著者の書『ユング心理学＋「仏教」のカウンセリング』（学陽書房、二〇〇一年）に初めて接した時、自らの人生について、その苦悩をあまりにも率直に語り、そこからの悩み苦しむ現代人への共感、なんとか救いたいという真摯さが伝わってきて、感動を覚えた。本書では、さらなる著者の歩み、身を切るようにしてつかんできた臨床感覚の磨き、真実の吐露を見ることができる。

常に師に習い、そこでとどまらず常に師を超えるその闘いの凄まじさ、織田先生の死去にあたった自分の体験から、師の瞑想箱庭療法の技法ですらクライエントを操作するものであったとの理解から、師の教えを自分のものにした上で、師を批判し、さらに技法を変化させてゆく過程は読み応えがある。

本書は、瞑想箱庭療法と森田療法の理論が、浄土真宗の住職でもある著者による他力（自然法爾）の理解として見事に統合されて、新瞑想箱庭療法として結実しており、宗教色を排しているが、本書にも掲載されている臨床事例の見事な治療過程を読むと分かるように、近代自我の行き詰まりにより苦悩する人々を救う著者の姿勢から、真の宗教者とはこんな方をいうのだろうと思わされる。

最近では、スティーブ・ジョブズやグーグルの社員が瞑想を実践するなど、瞑想に対して抵抗が少なくなり、ストレスフルな現代人にとってむしろ必須のものとなってきた感がある。このような時代背景の今こそ本書が世に出ることは大変意義あることと思われる。

２　新瞑想箱庭療法の目指すもの

前述の渋谷先生の感想から、筆者は、「東洋思想、特に仏教思想を、特定の信仰や教義、さらには、それを取り巻く『共同幻想』（集合意識）からも解放し、真に個人のための『臨床の知』として心理療法の形態をとって、現代社会に復活させたい」という、筆者の理想を再度確認することができ、感謝にたえない。たとえ、いくらグローバル化が進んだとしても、我々の身体に深く刻まれている、東洋（特に東アジアの文化）、そして日本の文化的な土壌は今後も残存していくであろう。そして、欧米で登場した心理療法の理論や技法も、こうした文化的な土壌に応じたものとして脱構築されていくに違いない。

このような心理療法の理論や技法の土着化は、それが心身の癒しに関する「知」である限り、一定の有効性を発揮していくのではないだろうか。その理由として、「心の病理」等の生物、生理学的原因の探求方法、治療法は、自然科学の知として普遍性を持つものであっても、病に苦しむ当人においては、そういう自分自身を受け入れざるを得ず、その受け入れ方は、当人を支えている（たとえそれが微かな心身の記憶であっても）文化的土壌に根ざした「癒やしの知」を用いるしかないからである。本書で強調したかったことは、そういうことである。それ故に、心理療法に関して言えば、単純な「普遍性」信仰は成り立たないのでないかと筆者は考えている。

最後に、本書で取り上げた方法は、臨床場面における、治療者とクライエントとの心理的・身体的体験を重視した内容であるが、このような、治療者・クライエントの身体的・心理的な体験過程については、「間主観性」の領域としてすでにジエンドリン等において、より精緻で論理的な論究がなされ、我が国でも「主観性を科学化」するという、新たな「質的研究方法」が末武、諸富等によって試みられている[2]。ただし、ジエンドリンの論を待たなくても、その内容に類似した理論は、筆者の知る範囲では、ユング心理学においても、精神心分析学派においても西田哲学においても、異なる文脈の中ですでに論じられてきている。

筆者は今後、こうした先達の研究に倣い、本書で取り上げた方法の「質的研究」について次の課題にしていきたいと思う（なお、この方法についての量的研究は、前著『うつは直す努力をやめれば治る[3]』で紹介しているので、参考にされたい）。

文献

第1章

（1）ドラ・M・カルフ、山中康裕監訳（一九七二・一九九九）『カルフ箱庭療法』誠信書房、i頁
（2）同上書、一五頁
（3）同上書、四頁
（4）エーリッヒ・ノイマン、北村晋・阿部文彦・本郷均訳（一九九三）『こども―人格形成の構造と力学』文化書房博文社、三九頁
（5）ドラ・M・カルフ、山中康裕監訳、前掲書、二四頁
（6）同上書、三四―三七頁
（7）同上書、iii－iv頁
（8）同上書、一七二頁
（9）河合隼雄（一九六九）『箱庭療法入門』誠信書房、一四―二〇頁
（10）同上書、六頁
（11）同上書、一九―二〇頁
（12）河合隼雄・山中康裕編（一九八五）『箱庭療法研究2』誠信書房、iii－xi頁
（13）河合隼雄（一九九二・二〇〇九）『心理療法序説』岩波書店、二―二九頁
（14）河合隼雄（一九六九）『箱庭療法入門』誠信書房、三一―五一頁

第2章

（1）織田尚生・大住誠（二〇〇八）『現代箱庭療法』誠信書房

(2)同上書、一五頁
(3)同上書、一五頁
(4)同上書、一二頁
(5)同上書、一〇-一一頁
(6)同上書、一七頁
(7)同上書、四三頁
(8)同上書、四〇頁
(9)同上書、五三頁
(10)同上書、四一頁
(11)同上書、四四頁
(12)同上書、五〇頁
(13)老松克博(二〇〇一)『サトル・ボディのユング心理学』トランスビュー、一九-二三頁
(14)織田尚生・大住誠、前掲書、五四頁
(15)同上書、三九頁
(16)同上書、九四-九五頁
(17)同上書、四一頁
(18)同上書、四一頁

第3章

(1)河合隼雄(一九九二・二〇〇九)『心理療法序説』岩波書店、八-一九頁
(2)同上書、一五頁
(3)ジーン・シノダ・ボーレン、湯浅泰雄監訳(二〇〇一)『タオ—こころの道しるべ』春秋社、二〇二-二〇三頁
(4)木田元(二〇〇七)『反哲学入門』新潮社、四五-四九頁

（5）福永光司（一九八五）「中国の自然観」『新・岩波講座　哲学5　自然とコスモス』岩波書店、三二一頁
（6）木村敏（二〇〇一）「「自然」について」『木村敏著作集3』弘文堂、三二一―三三八頁
（7）親鸞（一九七八）「唯信鈔文意」『真宗聖典』真宗大谷派宗務所出版部、六〇二頁
（8）目幸黙僊（一九八七）『宗教とユング心理学』山王出版、三七頁
（9）織田尚生・大住誠（二〇〇八）『現代箱庭療法』誠信書房、四一頁
（10）湯浅泰雄（一九八六）『気・修行・身体』平河出版社
（11）大住誠（二〇一五）『うつは、治す努力をやめれば治る』法藏館、二六二頁
（12）目幸黙僊（一九九七）「東洋における無意識」河合隼雄（編）『無意識の世界』日本評論社、一四六頁
（13）湯浅泰雄（一九九〇）『身体論』講談社
（14）中村雄二郎（一九八三）『西田幾多郎』岩波書店
（15）湯浅泰雄、前掲書、六一―七三頁
（16）同上書、六一―七三頁
（17）中村雄二郎（二〇〇一）『西田幾多郎Ⅱ』岩波書店、二〇頁
（18）西田幾多郎（一九五〇）『善の研究』岩波書店、一三頁
（19）同上書、八五頁
（20）同上書、一九頁
（21）森田正馬（二〇〇四）『新版・神経質の本態と療法』白揚社、九〇―九一頁
（22）同上書、九八―九九頁
（23）C・G・ユング、林道義訳（一九八七）『タイプ論』みすず書房
（24）西田幾多郎（二〇〇四）「自覚に於ける直観と反省」『西田幾多郎全集　第二巻』岩波書店、一五頁
（25）目幸黙僊（一九八五）「〝無我〟と〝自己実現の働き〟」樋口和彦・平山正実（編）『生と死の教育―デス・エデュケーションのすすめ』創元社、二六八―二六九頁
（26）森田正馬（二〇〇四）『新版・神経質の本態と療法』白揚社、九二―九五頁

(27) 同上書、九四-九五頁
(28) 森田正馬（一九七四）「生の欲望」『森田正馬全集 第七巻』白揚社、四二三頁
(29) 森田正馬（二〇〇四）『新版・神経質の本態と療法』白揚社、一一三頁

第4章

(1) 福永光司・興膳宏訳（二〇一三）『荘子 内篇』筑摩書房、四〇-四一頁

第5章

(1) 大住誠・藍澤鎮雄・宮里勝政（二〇一〇）「パーソナリティ障害を伴ううつ病性障害に対する精神療法の検討」『聖マリアンナ医科大学雑誌』三八号、九七-一〇五頁
(2) アンドリュー・サミュエルズ他（一九九三）『ユング心理学辞典』創元社、五六-五七頁
(3) 広沢正孝（二〇一一）「精神科臨床における眼力と眼差し―永田俊彦先生の業績をめぐって―」『精神科治療学』第二六巻四号、星和書店、四〇五-四一一頁

第6章

(1) 中村雄二郎（一九九二）『臨床の知とは何か』岩波書店
(2) 末武康弘・諸富祥彦・得丸智子・村里忠之（二〇一六）『「主観性を科学化する」質的研究法入門』金子書房
(3) 大住誠（二〇一五）『うつは、治す努力をやめれば治る』法藏館

あとがき

思えば時がたつのは早いものである。私自身の個人的問題から一〇代で森田療法の治療を受け、二〇代～五〇代にかけてユング派の教育分析、スーパービジョン、五〇代で二つの療法の統合を目指して、新たに森田療法の訓練等を行い、人生のほとんどを自分自身がクライエントの立場、心理療法の訓練を受ける立場、心理療法を実施する立場、それを伝授する立場で終始してしまった。現在ではこんな人生もあるのだろうと諦観している。なお、私は真宗大谷派の寺院に生まれ、親鸞の教えや学びを実践する立場であったが、以上のような人生が、幸か不幸かそうした宗派・教団の「共同幻想」からも距離を置くことができた。ただし、筆者のような僧侶の在り方も、もしかしたら現代における仏教の在り方を模索する実験になっているかもしれない。

ところで、私に臨床心理学を体験的にかつ直接に指導してくださった、三木アヤ先生、織田尚生先生、目幸默僊先生も鬼籍に入ってしまわれた。また、間接的に多くの啓発をお与えくださった河合隼雄先生も逝かれた。こうした事実は、仏教思想における諸行無常そのもので、残された者は、ただ辛く寂しいが、人ごとではないと実感している。

この間に日本も経済状態も文化も、さらにはそれらの変化に影響を受けてか、クライエントの病理や症状までも変化してきた。そして今や、心理療法そのものの在り方も変わってきてしまった。

その一つが、心理療法の簡便化とエビデンス化であろう。そのような状況の中で、どこまでも、こころの問題を簡便に処理せず、単純には対象化できるものと考えず、治療者の毎日の実践の中で「臨床の知」を積み上げていくことの大切さ。そのことがやがては、人の心を大切にして、人間そのもの、さらにはそれを支える自然環境や他の生き物たちまでも尊重する態度に結びつくものであると信じること。これは古い精神論ではなくて、人を援助する仕事を行うものが身につけなくてはならない、最低限の「倫理」であり、「生き方そのものである」と筆者は思っている。ここでの「役割」や「生き方」とは、かつて筆者が所属していた民間哲学研究団体「思想の科学研究会」の創設者の一人で、哲学者の鶴見俊輔先生から学んだ、組織の権威に頼らず、個人が日常生活経験を通して、身体でつかむ知恵と確信という内容である。

以上を念頭におきつつ、本書において、わずかばかりの愚才の臨床経験を開陳した次第である。

なお、最後に、珠玉の文章による序文を賜りました老松克博先生には心から御礼申し上げます。老松先生には、筆者のこころの深層に働く志を言語でつかんでいただきました。感涙にむせぶばかりです。また、本書の執筆を勧めてくださいました、愛知教育大学名誉教授の西村洲衞男先生に心から感謝いたします。また誠信書房編集部の松川直樹さんに感謝いたします。

大住　誠

著者紹介

大住　誠（おおすみ まこと）

真宗大谷派法閑寺住職。大住心理相談室室長。同朋大学社会福祉学部、同大大学院人間福祉研究科・文学研究科特任教授、聖マリアンナ医科大学医学部非常勤講師。

臨床心理士、医学博士。

1952年、神奈川県海老名市生まれ。青山学院大学文学部卒業。神奈川県下の公立高等学校の社会科教諭、県立教育センターの指導主事（研修）を経験。48歳で教員生活にピリオドを打ち、法閑寺の住職を引き継ぐとともに自坊に私設心理相談室「大住心理相談室」を開業。この間、教員時代からユング派の分析家から数百時間に近い教育分析、スーパービジョンを受ける。

著書
『現代箱庭療法』（誠信書房、織田尚生氏との共著）
『うつは、治す努力をやめれば治る―箱庭療法と森田療法の併用の事例と実践』（法藏館）
『ユング派カウンセリング入門』（筑摩書房）
『ユング心理学＋「仏教」のカウンセリング―心を癒し、「本当の自分探し」を深めるために』（学陽書房）　等

新瞑想箱庭療法《しんめいそうはこにわりょうほう》
――「身体感覚《しんたいかんかく》」から考《かんが》える新《あら》たな療法《りょうほう》の可能性《かのうせい》

2016年10月20日　第1刷発行

著　者　大　住　　誠
発行者　柴　田　敏　樹
印刷者　日　岐　浩　和

発行所　株式会社　誠　信　書　房
〒112-0012 東京都文京区大塚3-20-6
電話　03 (3946) 5666
http://www.seishinshobo.co.jp/

中央印刷㈱／協栄製本㈱
ISBN978-4-414-41620-6 C3011
落丁・乱丁本はお取り替えいたします

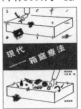

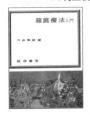